思い出の写真

（株）カウベルエンジニアリング創業者
坂川卓志

坂川家から故郷の宇戸を望む

今も残る坂川の生家

長男の結婚式、自宅前で撮影。昭和十七年、卓志三歳の頃

左から潔（三男）　宗助（父）　後ろに昇（長男）　艶子（三女）
知恵子（母）　前に　卓志（五男・二歳の頃）　文子（四女）

5月の棚田に水が張られて、田植えが始まる。一年で最も美しい季節

備中神楽　櫛稲田姫の舞

備中神楽　猿田彦命の舞

大倉の草原にある八巻目池。宇戸の農業用水をためている
差し渡し150mもある。宇戸の子どもたちはここで水泳をした

名古屋高等無線通信学校同期生
後列左から二人目

伊勢湾台風の浸水

伊勢湾台風で破壊された名古屋市街

東京トランジスタ工業（株）のテニス部員
テニスコートは坂川が全て手作りした
（本人撮影）

（株）カウベルエンジニアリング
社員の慰安旅行で姫路城に行く

日系ブラジル人の採用にブラジル渡航
リオデジャネイロ空港ロビーにて

カウベルで採用した日系ブラジル人

シチズン時計関連会社の御代田精密の
大矢部長(左) とゴルフをする

噴煙を上げる浅間山

インドのタジマハール前にて

ロンドンのテムズ川畔より
国会議事堂を望む

ブラジル日本商工会議所を表敬訪問した

サンパウロのロータリークラブ表敬訪問

コンドミニアム内の湖。大きな魚が釣れる

コンドミニアム予定地前で案内してくれた日系人家族と記念撮影。両脇の夫婦が坂川を招待してくれた

完成した坂川のブラジルの家。坂川が工事の監督をした。晩年ここに永住を予定した

ブラジルの家のベランダから見た庭
その向こうに
美しい緑の山々が見渡せる

ブラジルのアマゾン流域の原住民の子供たちと
交流する

坂川が招待して定期的に開催していた
バーベキューパーティ
毎回四十人ほど集まって賑やかに
楽しんだ

ブラジルの家の庭で坂川が育てたマンゴー

コンドミニアム内の湖で釣り上げた魚

セント・アンドリュースのホテルにて

サンド・オブ・ナカジマという著名なバンカー

セント・アンドリュースのオールドコースを象徴する石橋にて

エジプトのピラミッド観光で、ラクダに乗った坂川

ペルーのマチュピチュを見下ろす丘で

坂川が主催して招待した同期会の記念写真

宇戸中学校同期会　小諸城跡の正門にて

矢掛高校同期会　佐久の一萬里ホテル

名古屋高等無線通信学校同期会
軽井沢の白糸の滝にて

（株）カウベルエンジニアリング本社工場
左側の三階のビルは第二工場

第三工場と浅間山

日本で最も早く設置した屋上のメガソーラ

幕張メッセのカウベル出展ブース

株式会社 カウベルエンジニアリング創業者
坂川卓志の履歴書

激変する時代を生き抜いた

普段着の偉人

脇 昌彦 著

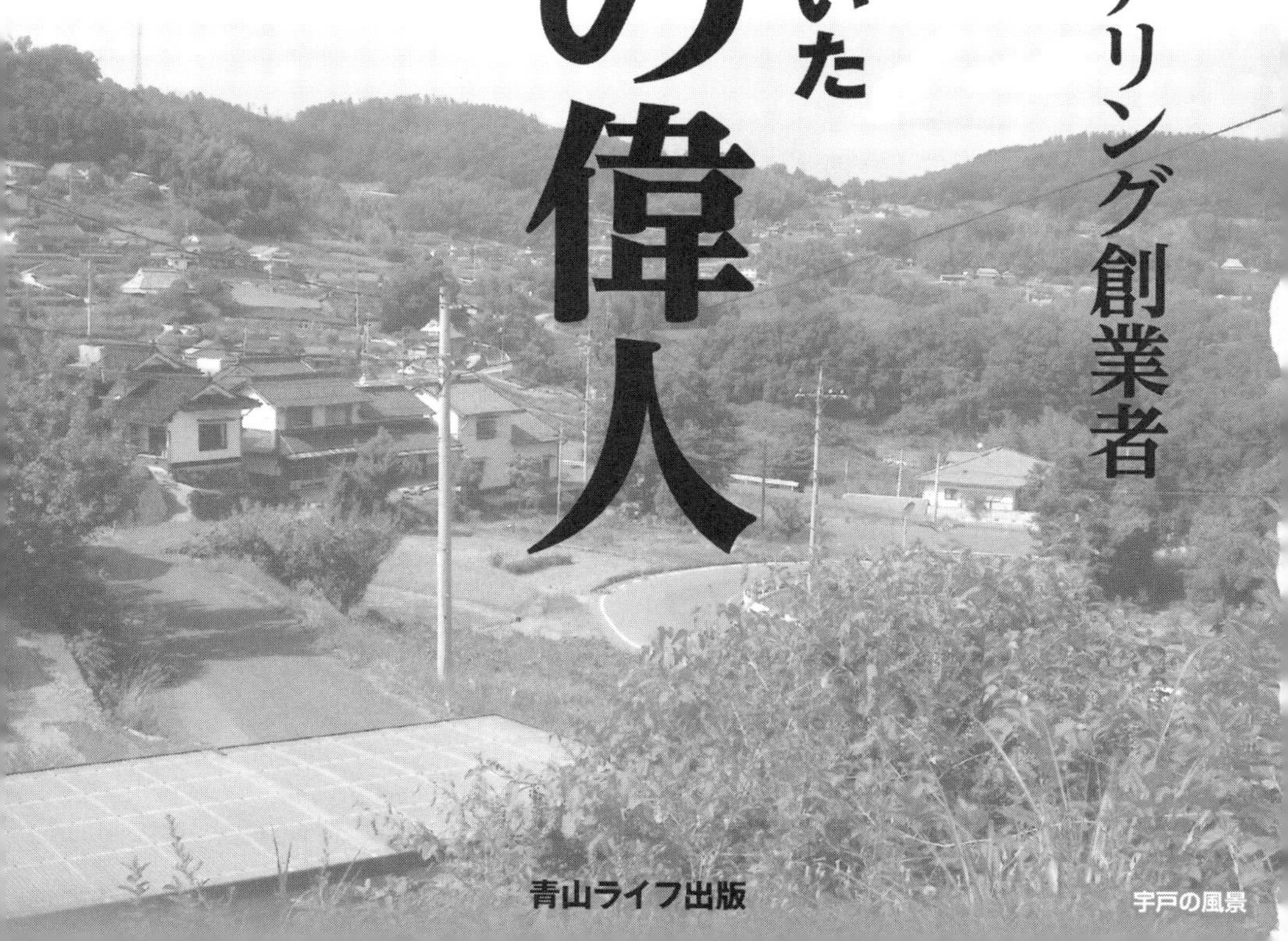

宇戸の風景

青山ライフ出版

企画構成	株式会社ヴィサージュ
挿　　絵	脇　昌彦
装　　幀	溝上　なおこ
取材協力	坂川　和志
	河内　耕市
	守屋　艶子
	守屋　公人
	長谷川　忠
	坂川　敏明
	坂川　圀明

目次

第一三章　ゴルフ談義　249

第一四章　カウベルエンジニアリング訪問記　258

第一五章　普段着の偉人・坂川卓志　263

はじめに

長野県佐久市に（株）カウベルエンジニアリングという会社がある。資本金七〇〇〇万円、売上高約一五億円、従業員数約一〇〇人。この会社の規模は中小企業に分類されるが、その業態をつぶさに見ると多くの点でいわゆる中小企業とは違っている。

先端の電子・情報産業の一角に確固とした位置を占める中小企業で、しかも従業員の半数以上がソフト・ハードの技術者である。

日本には中小企業が三五〇万社以上ある。多くは個人経営でその中の法人は約一八〇万社である。さらにその法人の中で売上高一億円以上の企業の割合はおおよそ一九％だという。一〇億円以上の売り上げのある企業の割合は約三％なので、一五億円以上はおそらく二％程度と推察される。ちなみに製造業の中小企業とは資本金三億円以下、従業員数三〇〇人以下と定義されている（中小企業白書）。

（株）カウベルエンジニアリングは創業初期こそ大手企業の下請けを経験したが、それを脱却して自社製品を開発し、その製品を自社ブランドで販売している。高度な技術を必要とする情報通信事業で、その最先端製品生産を業務とし、創業以来四八年の歴史を積み重ねている。

この類稀なる（株）カウベルエンジニアリングは、坂川卓志氏という岡山の山間部の農村出身の一人の若者が、裸一貫の状態から立ち上げた会社なのである。

彼の生家は代々農業を専業とする大地主であった。古いしきたりや伝統の中で生きる大家族の中で、幼少期から高校を卒業するまで、彼は農業を担ってきた。その後、故郷を離れて単身上京、やがて独力で会社を創業し、多くの困難を切り抜けて、その会社を現代社会の先端的な企業に育て上げていった。

縁あって口述筆記で一代記を書かせていただくことになったが、初対面の時、八三歳の大柄な紳士で、人を包み込むような温厚篤実で柔らかな物腰と、頭の回転の速さに驚かされた。すぐに「この人なら噂のすばらしい経営者というのも納得できる！」と確信したのだった。

坂川卓志氏の生い立ちから、今日までの人生を辿る事で、いかにして彼が成功したのかを探ってみたい。併せて彼の生きてきた人生をここに記録し、彼の人間力に惹《ひ》かれて協力し、支援を惜しまなかった多くの関係者たちへの感謝の意を込めて、この本を捧げたい。

なお、口述・取材においては、昔の記憶に依るため、事実や現状と異なる可能性を否めない。坂川氏本人、取材協力の方々の責任でないことをご了承くださるよう申し添える。

脇　昌彦

第一章　生まれ故郷と坂川家の苦難

歴史を刻む生まれ故郷

坂川卓志（以下卓志と記す）は一九三八年（昭和一三年）岡山県井原市美星町宇戸で、坂川宗助の九人兄弟の末っ子五男として誕生した。その時長男昇は二〇歳だったが、二人の姉と一人の兄が幼くしてすでに病没していたので、六人兄姉《きょうだい》だった。

岡山から広島に渡る山間部には、標高四〇〇メートル～六〇〇メートルのお椀を伏せたような山並が幾重にも連なっており、吉備高原《きびこうげん》と言われている。

その山並の傾斜地や台地には、いくつもの村落が転々と散在する農村地帯になっている。交通の開けた瀬戸内海から少し山間部に入っただけで、もうそこは幾重にも重なる高原の山々に遮《さえぎ》られて、所によっては今も山間部の孤島と言われる、交通の不便な地域でもある。

この吉備高原と言われる山々に隔てられた地域には多くの小さな集落があり、村落ごとに強く団結して数々の戦乱を生き抜いてきたのだろう。各村々で古くからの伝統を長い間守り続けてきたのは、その団結の証だったのかもしれない。

この山間部の標高五一三メートルの龍王山の山麓に東に向かって開けた、小さな盆地がある。そこの一〇〇世帯ほどの村落が井原市美星町の通称宇頭と呼ばれる地域であり、その北側は烏頭、南側は宇戸と呼ばれている。

この宇戸が卓志の生まれ故郷である。この二つの村落は山に囲まれた小さな盆地にある一つの村落といっても良いのだが、烏頭《うとう》と宇戸《うと》との二つの村に分かれている。しかもその二つの村を合わせて通称宇頭《うとう》と呼んでいるという。呼び方もほとんど同じで外部の人には区別がつきにくい。

どうしてこんなわかりにくい地名になったのか。

江戸時代の鳥頭は、旗本毛利氏の領地で、宇戸は庭瀬板倉藩の領地だったという。それが原因でこうなっているらしい。つまり、開拓当初は鳥頭と言われていて、その南に新たに開拓された土地は領主が違っているので、宇戸としたのだろう。

行政区分は今もそのままに引き継いでいて、鳥頭と宇戸は分かれている。

鳥頭の峠を超えて急坂を下ったところに、小さな谷があるが、そこは町役場のある宇戸谷《うとだに》と呼ばれる地区である。

この起伏の多い狭い盆地に一〇〇戸ほどの家屋が点在している。その間を曲がりくねった山道が縫うように走っている。

天気の良い時には、東の山並みの向こう遥かに倉敷、岡山の市街が見渡せる。

北側の鳥頭の峠からは、南に四国山脈が遥か彼方に望めるという。

宇戸は、山陽新幹線の岡山駅で井原鉄道に乗り換え、この地域の中心的な小都市の矢掛《やかげ》の矢掛駅におりて、北方一五キロほどの山中にある典型的な農村だ。

矢掛から三山《みやま》川沿いに、北の山中に一〇キロほど入り込んだ谷間から、昼なお暗い木の生い茂った険しい山中に分け入って、つづら折れの道を何度も折り返し登ると、漸《ようや》く開けた宇頭の盆地に辿りつく。

まさにこの険しい山中に人里があるとは思えないような下界から隔絶した盆地であった。

坂川家は源氏の流れを汲む

坂川家はここでは「開《ひら》き元家《もとや》」という屋号で呼ばれている旧家で、宇戸村の大地主だった。周囲には坂川と称する分家が散在している。

「平木元屋《ひらきもとや》」の屋号の意味はそのままで、最初にここを開拓した家という意味だという。それを象徴する坂川株と呼ばれる小さな祠《ほこら》が近くにある。祖先がここを開拓して最初に住み着いた場所を示しており、十二神将《じゅうにしんしょう》が祀《まつ》られている。

坂川家が険しい山里に暮らしているのは、平家の落人であったという話もあるが、坂川家の親族に聞き回っても確かな根拠はないという。

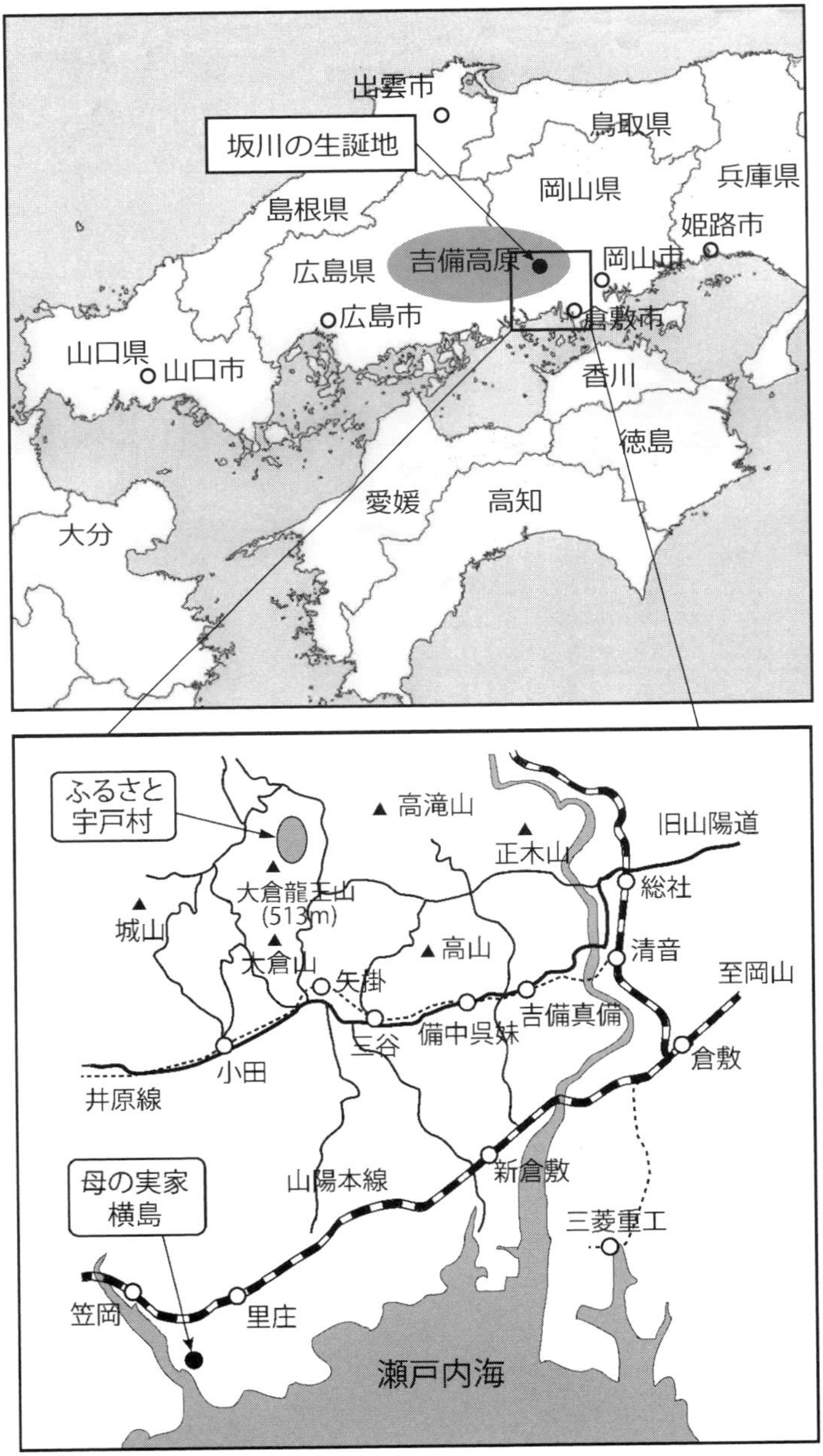

出雲市
鳥取県
坂川の生誕地
兵庫県
岡山県
島根県
姫路市
吉備高原
岡山市
広島県
広島市
倉敷市
山口県
山口市
香川
徳島
愛媛
高知
大分
ふるさと
宇戸村
高滝山
旧山陽道
正木山
総社
大倉龍王山
(513m)
城山
高山
清音
大倉山
矢掛
至岡山
吉備真備
備中呉妹
三谷
倉敷
小田
井原線
新倉敷
山陽本線
母の実家
横島
三菱重工
笠岡
里庄
瀬戸内海

最近になってこの宇戸村にルーツのある長谷川節男氏によって二〇一二年、建てられた石碑が、坂川家のすぐ南で発見された。中世の阿弥陀の石仏の傍に建立された石碑である。

資料によれば宇頭の馬ヶ内に一四〇四年源氏の子孫源公季が入婚。清和源氏系の三村孫三郎が星田村に居浪、宇戸の坂川家は足利尊氏の末裔と記してあり、この地は源氏系の「しのびの里」と思われる。

この石碑の参考資料「小田郡誌　上巻」を見ると、この地方の古代からの有力豪族である三村氏は、清和源氏新羅三郎義光一一代の孫義実で、三村孫二郎と称して、小田郡の星田村に居浪と書かれている（石碑には孫三郎とある。居浪とは流れてきて住み着いたという意味だ）。中世にこの地域を長く支配していた有力豪族の三村氏が源氏であることから、坂川家も源氏の流れを汲む一族である可能性は否定できないように思う。足利尊氏の流れを汲むと書いてある資料は、今もって見つからず不明であるが、南北朝の騒乱で足利尊氏は京都で弟足利直義軍と争って大敗し、備中荏原の那須氏に、母親を預けて落ち延びたという記録があったので、尊氏との関係もあったのかもしれない。つまりこの地域は室町時代から那須氏や伊勢氏などの源氏に連なる多くの一族が支配してきた土地のようだ。

ちなみに卓志の姉艶子が嫁いだ守屋家も源氏の流れを汲むといわれていて、徳川時代の初期から宇戸の隣町の小田郡矢掛町に居住していたと長男の守屋公人氏は伝え聞いているという。

家族の苦難

卓志が小学校の頃は卓志たち一家五人、長男一家五人、それに叔父菊治一家五人の三家族総勢一五人が一緒に生活していた。

父の坂川宗助は山を越えたところにある三山小学校の校長を務めていたが、校舎が火事になり、責任を取って退職を余儀なくされ、その後は宇戸村の村長を務めていた。

長男の昇は岡山大学の教育学部を卒業して教員になっていた。父の影響があったのだろう。

次男の樹市《じゅいち》は農業を兄に代わって引き継ぐ話が内々にできていたが、一九歳で徴兵され、長い間大陸に出兵していた。

三男の潔は父親とよく似た一徹な性格で、家を飛び出し、広島の呉の海軍工廠《こうしょう》に働きに出ていた。

昭和一八年にその海軍工廠の病院で病死した。その死の経緯は殆どわからない。軍需工場だったので戦死扱いにしてもらおうと父母は陳情した。戦死扱いにしてもらうまでは、だいぶ時間がかかったらしい。

昭和二〇年三月には次男の樹市が中国大陸で負傷して帰国、岡山の陸軍病院に入院した。

卓志は母に連れられて見舞いに行ったことを記憶している。小学校に入学する前のことだ。病院内には物の持ち込みが厳しく制限されていた。入り口で手荷物の検査をされた。母は卓志の首に巻いたタオルの中にゆで卵を隠して、病室に持ち込んだ。

樹市は青白い顔でベッドに横たわっていた。母は家や村の話を色々とした後に、病室に誰もいないのを確かめて、卓志の首に回したタオルの中からゆで卵を取り出して、そっと兄の手に

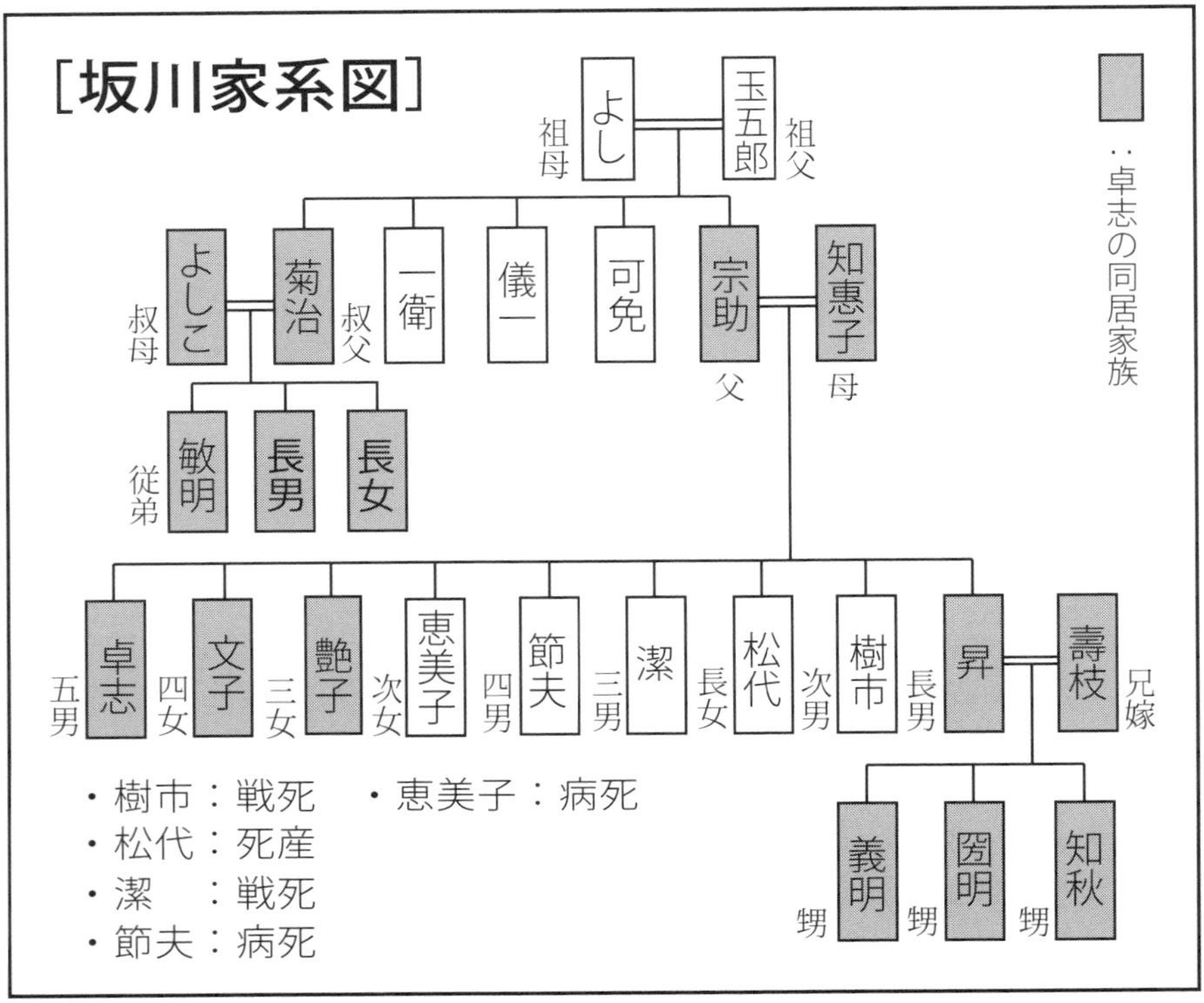
[坂川家系図]
：卓志の同居家族
よし
祖母
玉五郎
祖父
よしこ
叔母
菊治
叔父
一衛
儀一
可免
宗助
父
知恵子
母
敏明
従弟
長男
長女
卓志
五男
文子
四女
艶子
三女
恵美子
次女
節夫
四男
潔
三男
松代
長女
樹市
次男
昇
長男
壽枝
兄嫁
義明
甥
圀明
甥
知秋
甥
・樹市：戦死
・松代：死産
・潔　：戦死
・節夫：病死
・恵美子：病死

持たせた。

「他に何か欲しいものはあるか？」

と聞くと兄は力ない声で呟《つぶや》いた。

「家の冷たい湧き水が飲みたい」

坂川家の裏山に鬼ごろしの泉と呼ばれている湧き水があり、いつも透き通った冷たい水が渾々と湧き出ていた。日照りの時も枯れることがなかった。卓志や近所の子どもたちは遊びまわって喉が乾くとそれを飲んでいた。

通りがかりの人も牛もそれを飲んでいたほど、冷たくて美味しい水だった。この湧き水は宇戸村の古来から、飲料水の水源地となっている。今も村の各戸に、飲料水として給水されている。

坂川家はこの水源地があるからこそ、この場所に家を建てたのだろう。

戦地で、馬の蹄跡《ひずめあと》に溜まった泥水を飲んでいた樹市は、それを夢にまで見たという。

母はなんとかしてやろうと思ったらしいが、病院に行くには、いくつもの山坂を超えて一五キロ先の矢掛まで行って、そこから岡山行きのバスに乗り換えなければならない。一日掛かりであった。

それに陸軍病院は入り口で厳しい手荷物検査をしており、お見舞品すら持ち込めず、どうしてやることもできなかった。

どこの戦地でどのように戦ったのか、どうして負傷したのかを話すことさえ禁じられていた。間もなく樹市は二五歳の若さで亡くなった。青春時代のほとんどを悲惨な戦地で過ごして、亡くなったのだ。母の知恵子の悲しみはいかばかりであったか。

長女の松代は、生まれてすぐに亡くなったという。死産だった。戸籍謄本の記載を見ると、大正一二年二月一四日出生、翌日の一五日に死亡が届けられている。

本籍地にて死亡とあるので産婆の介助で自宅で出産したのだろう。当時は多くの家は自宅出産であった。松代のことは家族では、ほとんど話題にならなかったから、卓志も長い間八人兄弟だったと思っていた。

四男の節夫は病弱で一歳を待たずに病死した。その下に生まれた次女恵美子も四歳で病死している。わずか五年の間に母は四人の子どもたちを次々に失っていた。

坂川宗助の末弟である叔父の菊治一家は、東京上野に家庭を持っていたが、昭和二〇年三月一〇日の東京大空襲で焼け出された。

墨田区の本所から浅草の一帯は激しい火災に襲われて、市街地のほとんどが焼失した。多くの人は炎に追われて逃げ惑い、運よく上野の山に逃げ込んだ人たちが、かろうじて難を逃れたという。

「鉄道のレールが飴のようにぐにゃぐにゃになっていた」と菊治は末息子の敏明に語っていた。

何もかも全てを失って生活をすることになり、菊治叔父の一家は、坂川家の母屋の北に増築された二階の一角に同居したのだ。

三女の艶子は七つ年上で、四女の文子は五つ年上である。彼女たちは学校で教官の号令で竹槍を持って軍事教練をさせられたという。

この二人の姉は山を北に越えた三山町の高等女学校に入ったが、険しい山越えの通学は出来ないので、眼医者の家の一室を借りてそこから通学したという。

坂川家は農家だったから家族が不自由しない程度の食料はなんとかなっていたが、生活のためには現金収入は欠かせない。父と兄昇の二人が教師だったので、その収入に頼っていた。しかし一五人もの大家族では、苦しいやりくりを強いられていただろう。

父の宗助は当時村長を務めており、旧家の当主として地域の共同社会の世話役でもあり、多忙な日々を過ごしていた。毎日夜遅く帰宅して「ヤレヤレ」と言いながらため息をついていた。卓志は父親とほとんど話した記憶がないという。

昇は毎日学校に通勤していた。授業や事務処理、校内行事を行わなければならない。兄嫁の壽枝は岡山市内の出身で、知人の紹介で結婚をしたという。その時に農業はしないという約束で、嫁入りしてきた。

しかし次男、三男の思わぬ戦死でそうも言っていられなくなった。

その上に昇が結核になり、岡山の病院に入退院を繰り返すようになった。

結局、坂川家の農業は戦前から、主として母知惠子の陣頭指揮で兄嫁、二人の姉の女性たちが担っていた。

敗戦と小学校入学

一九四五年（昭和二〇年）六月二九日の未明、寝ていた卓志は、母に揺すられて布団を剥がされた。寝ぼけていると

「タク、起きんさい」

「あんでだ？　眠いよ」

「いいからついて来んさい」

いつもなら駄々をこねるのだけれど、母の真剣な顔を見てそれをやめた。

急いでちゃんちゃんこを羽織って、母に手を引かれて薄暗い自宅の庭先に行くと、東の空が赤々と光っている。

ゴロゴロと低い爆発音が遠くから轟いていた。

「岡山が米軍にやられているんじゃ。よくみんしゃい」

と母が低く呻《うめ》くように呟《つぶや》いた。

岡山市は米軍の激しい空襲を受けていた。空襲警報もなく戦闘機の迎撃もなかった。高射砲による対空砲火もなかったという。

市街地は黒煙を上げて燃えていた。夜の明けきらない暗い空に、B29から落とされる大量の焼夷弾が、次々に光りながら放射状に広がって落ちていった。紅い炎が燃え上がり黒煙が立ち上っていた。

卓志は美しい花火を眺めているような気分でそれを眺めていた。無言で凝視している母の顔を下から盗み見ると、暗い中に、目だけが燃え上がる火を反射して、異様に赤くキラキラと光っていた。

以前に神社で見た備中神楽の素戔嗚命《すさなおのみこと》のようだった。

その戦火が母の二人の可愛い息子を奪って行ったのだ。

岡山市街は焼け野原になり、兄の樹市がいた陸軍病院も跡形もなくなった。

八月になって終戦になった。卓志には玉音放送の記憶は全くないけれど、戦争が終わったのは大人たちの様子でわかった。

青白い顔で何かに耐えているようなストイックな雰囲気の大人たちが、どことなく明るく変化していた。哀しさや悔しさの中に、なんとなくホッとした和やかさが混じって、穏やかな表情をしていた。

坂川家の人々も戦争から解放されたのだ。

天気の良いある日のことだった。卓志は家を出て、近くの見晴らしの良い丘の上に立っていた。

八月の空は見渡す限りどこまでも青く広がっていて、そこに夏の強い光を放つ太陽が輝き、その光は惜しみなく降り注いでいた。

なだらかな丸みを帯びた丘陵が、はるか東の向こうにまで幾重にも連なっている。黒い杉林と広葉樹の明るい黄緑が、パッチワークのように繋ぎ合わさり、その裾野に青々と色づいた稲田が幾重にも横たわっていた。所々に、いくつもの民家が散在している。それらを繋ぐ道が蛇のようにうねっていた。

明るい穏やかな世界だった。時折通り過ぎる村人の顔も心なしか和らいでいた。

丘の上の芋畑でさつま芋を掘っていると、遠くからこちらに向かって坂を登ってくる見慣れぬ人が見えた。

汚れたカーキ色の軍服を着て、帽子をかぶっていた。黒光りするほど日焼けをして、黒い無精髭を生やしていた。大きな汚れたリュックを背負っている。卓志の前に来ると
「坊や、何してるんだ」

「…………」

卓志は土のついた芋を手にぶら下げて、怪訝《けげん》そうな顔をして突っ立っていた。

すると男は背中のリュックを下ろして、中を手で探っている。新聞紙の包みを取り出して、その中から燻《くす》んだ黄色い団子を取り出すと、

「お腹空いてるんだろ。これをやるよ」

と卓志の目の前にそれを差し出した。

芋団子の思い出

「ありがとう」と卓志はそれを受け取った。

少し食べてみると、すごく不味かった。さつま芋と一緒に茎や葉を蒸して、それを潰して団子にしたものだった。兵隊さんに悪いから、無理をして食べてしまったが、「うちの芋の方がよっぽど旨いや」と内心思った。

卓志は丸坊主で日に焼けた顔で、痩せこけていた。その上うす汚れた、汚い服を着ていたから、飢えて畑の芋を盗んでいると思ったのだろう。

その兵隊さんは、死んだ兄と同じように戦地で苦労をして、やっとの思いで、生きて復員してきたのだ。その兵隊さんは優しい目をしていた。

卓志の家ではさつま芋を沢山作っていた。農協に供出してあとは、家族の分として納屋の一角に作った芋室《いもむろ》に保存していた。大きな穴を掘って、その中に稲藁を敷き、芋と籾殻を交互に詰め、上からも籾殻をかぶせていた。坂川家の一年分の芋が、そこに保存されていた。

母は毎朝、大鍋いっぱいさつま芋を竈で炊いた。炊き上がると、火を落として農作業に出かけていた。家族のおやつは、いつもその鍋で煮た芋だった。

卓志は学校から帰ると台所に駆け込んで、鍋の中の芋を真っ先に食った。上の芋はホクホクしているけれど、何と言っても鍋底の煮汁に浸かっている芋が、ねっとりとして、甘くて一番美味しかった。

家族も農作業の合間に腹が減ると、時折土間の台所に出入りしてその芋を食べていた。

その頃は、岡山市内や海沿いの人が、一〇数キロの山道を、リュックを背負って歩いて、物売りにやってきた。

卓志の家や近所の農家の庭先で、中身を広げて、値段の交渉をしていた。反物や着物、腕時計や万年筆、海産物などが並んでいた。

瀬戸内海でとれた魚の干物もあり、尾道名物のデベラカレイの干物は喜ばれた。代金はお米で支払っていた。その人たちはコメを入れた重いリュックを背負って、また山を降りていった。

日本の多くの都市は、米軍の無差別空襲で焼け野原になっており、そこへ外地の朝鮮、中国、台湾から七〇〇万人の兵士と民間人が引き上げてきた。

その混乱を避けるために、戦時中の食料統制は敗戦後も続いており、農家は生産した米の自家消費分を除いた全てを、政府に安値で供出しなければならなかった。

配給制度を通さず、密かに販売される米は闇米と言われ、警察による米の取り締まりも行われていた。

都会の人々は一日あたりの米の配給量を決められていて、米穀通帳や配給切符を提示しなければ購入できなかった。その量がもともと少ない上に、政府の配給は遅配、欠配が続いていた。

そのために米や食料の価格は高騰して、農家で隠匿した米が、闇市場に大量に流出していた。闇米の価格は公定価格の五〇～一〇〇倍になった。

東京や大阪の大都会では路上生活者が街に溢れて、多くの餓死者が出るという事態になっていたらしい。

卓志は敗戦の年の四月に美星町立宇戸小学校に入学した。その後に学制改革があって新制の小学校になったが、その頃はまだ国民学校だった。家のある丘からうねる坂道を降りていくと、宇戸小学校の木造平屋の小さな校舎があった。

大正時代に建てられた木造建築で、始業と終業の鐘の音は宇戸の村中に聞こえた。

教室は学年ごとに分かれて、六つあった。その間を長い廊下がつないでいた。一番下の姉の文子が五年生の教室にいた。

先生たちは皆明るい表情だったが、支給された教科書は戦争を鼓舞するところや、封建的と思われる部分が墨で黒く塗りつぶされていた。日本の建国神話なども削除された。占領軍の命令であった。

都会から親族を頼って、疎開してきた子どもたちが何人もいた。どの子も小ぎれいな、垢抜けた服装をしていたからすぐにわかった。卓志のクラスにも女の子が一人いた。綺麗な柄のスカートを履いて、髪を三つ編みにして、そこにリボンをつけていた。可愛い子だった。

当時は戦前の「男女七歳にして席を同じゅうせず」そのままで、教室では席を分けられて、遊ぶときも別々だった。仲良く話をすると、からかわれて虐《いじ》めにあう。教室の掃除当番で一緒になって、ちょっと話しかけられると、ドキドキと胸の鼓動がわかるほどに嬉しかった。

でも卓志には、どこか遠い別世界の子どもだった。その子たちは、いつのまにか都会に帰って行った。

母は強かった

卓志は母が作ってくれた弁当を小脇に抱えて、毎日通学した。

山深い高原の桜は少しずつ咲き始めていたが、まだたくさんの蕾《つぼみ》が薄ピンクに色付いて、咲く時季を待っていた。芽生えたばかりの草の中にタンポポやレンギョウ、水仙が咲いて畔道をキラキラと飾っていた。黄色い菜の花畑が土手を一面に覆って、風はそのふくよかな香りを運んできた。

母の知恵子は、一八九九年（明治三二年）瀬戸内海に面した、笠岡市の横島で生まれ育った人だった。卓志は母に連れられて、その実家に何度も行った。

その街は吉田川の河口にあり、家のすぐ南には穏やかな瀬戸内海が広がっていた。家の中にいても岸に打ち付ける漣《さざなみ》の小さな音が聞こえて、潮の匂いが漂っていた。

この海浜には、天然記念物のカブトガニがたくさん棲んでいた。

吉田川を少し上るとそこは笠岡港であり、瀬戸内海の海上輸送の要の一つになっていた。沖合には大小いくつもの島からなる笠岡諸島がある。

その中の一番大きな島が北木島といい、古来から良質な花崗岩の産地でその石は大阪城の石垣にも使われている。笠岡港からはその諸島向けの定期船が出ていて、西の河口を決まった時間に滑るように動いていた。

その明るい鄙《ひな》びた海岸にある家で、知恵子は父親と二人で暮らしていたという。母親は早くに亡くなっていた。家業は染めもの屋で、大漁旗や鯉のぼりを作っていたらしい。卓志が訪れた頃には、年老いて病気がちの祖父はもう働いていなかった。

知恵子は一九歳で乳母付きで坂川家に嫁いできたという。その時坂川宗助は三四歳であった。どういう経緯で嫁いできたか卓志は母から直接聞いたことはないが、宗助の教員時代の教え子だったという。利発でバランスのとれた優等生の知恵子は、宗助に見染められてのことなのだ。花嫁衣装を着て嫁入り道具と一緒に牛車に乗せられて、険しい山道を登ってきたという。

後年母は何度も話していた。

「嫁入りの時に見知らぬ大山奥に入ってきたのを見て、どうしてこんなところに私は嫁にくることになったのかと涙が出た」と。

結婚の記念樹として庭に植えた白木蓮は見事な大木となり「ふるさと笠岡の海を見ている」と晩年の知恵子はよく語っていた。

まだ舅《しゅうと》、姑《しゅうとめ》も健在であった。多くの分家も周囲にあった。坂川家は旧家で集落の祭礼や儀礼や行事も取り仕切らなければならなかった。嫁に来てから、母の本当の苦労が始まった。ここで九人の子を産み、病気や戦争で五人を失っている。

母は嫁入りの時の話以外は、卓志には多くを語さなかった。その苦労や悲しみを内に秘めて、残された四人の子どもを育てながら、この地域の中心である坂川家と、農業を一人で背負ってきていた。

敗戦後は政府による大規模な農地改革が行われて、五ヘクタール以上の農地は、小作人に売却されることになった。

坂川家でもかなりの土地が売却された。しかし政府の指示で売却価格は格安であった上に、その売却代金はその後の激しいインフレで、ただ同然になっていた。残された土地は村人の手前、放置して、荒地にするわけにはいかなかった。

父は村長で多忙であった。長兄は教員をしていたが、結核を患って岡山の早島にある医療センターで治療を受けていた。その後も一二年もの間、入退院を繰り返していた。卓志は見舞いに行った記憶があるという。母に連れられて行ったのだろう。

結局、坂川家の男手は末っ子の卓志一人で、幼い頃から農作業をすることになったのだった。

前述のとおり、卓志には父の記憶が、ほとんどない。父親は毎日朝早く家を出て、烏頭の山向こうの宇戸谷の町役場に通っていて、毎日帰宅も遅かった。

卓志が小学校三年の時（昭和二三年）宗助は村役場で勤務中に突然倒れた。その一報が自宅に入った時、母が留守で、姉の艶子が連絡を受けた。

急遽《きゅうきょ》村人が集まって自宅まで運ぶことになった。何しろ村役場からは五～六キロもあり、人一人が歩けるほどの道幅しかない険しい急な坂道を、家まで運ばなくてはならない。

村の大光寺の籠を借りて、交代で担いで運ぶことになった。村人の担ぐ籠で自宅に運び込まれた宗助は、自宅の布団の上に寝かされた。既に意識はなく、朦朧《もうろう》としていた。村には医者がおらず、遠路山道を、馬に乗って往診にきた。

看病も虚しく、一週間ほどで宗助は他界した。六四歳だった。過労による脳溢血だったのだろう、早すぎる死だった、殉職扱いだったという。

その頃の宗助と知恵子の油絵の肖像画が今も坂川家の客間に掛けられている。父と母の印象がそのままに描かれている良い肖像画だ。この絵が卓志の父宗助の印象になっていて、遺影でもある。亡くなる数年前に坂川家に片岡銀蔵という画家が逗留して、父親をモデルにして描い

父の肖像画

た。

銀蔵は美星町の出身で小学校では宗助の教え子であった。矢掛中学、矢掛高校から東京美術学校に入学して、藤島武二に師事した画家だった。日展作家で、ヨーロッパへ留学をしている。戦後は岡山に戻って、この当時は岡山県画家協会、岡山美術研究会の代表を歴任していたという。父の肖像画は、描き上げるのに五、六日ほどかかったという。母の絵は宗助が亡くなってから、改めて銀蔵を招いて、描かれたものであった。父母で絵のサイズが異なるのは、男尊女卑の名残りか、否、母が遠慮して少し小さく注文したのかもしれない。

母の肖像画

宗助は絵が好きであった。昇も美術の教師をしていて学生時代には銀蔵に師事していたという。卓志にも絵の才能は受け継がれ、仕事に役立ったことがある。

このころの旧家では、食べ物に箸をつけるのも風呂に入る順序さえ、長幼の順を違えることはなかった。尾頭付きの魚は一番初めに戸主が箸をつけ、それを待って、他の家族が食べる。

風呂に入るのも戸主、長男、次男と順番に入り、女はそのあとに入った。しかし卓志の母は家族、兄弟をいつも平等に扱っていた。食後の風呂に入る時になると家族の前で

「卓志、お前一番で風呂に入りんさい」

と言っていた。食事も戸主である長男を、特別に扱うことはしなかった。家族は皆平等にさせていた。

父よりも一五歳も年下でこの旧家の嫁に来て、これを貫いた母は強かったのだろう。いつも毅然《きぜん》として気丈な人だった。残された肖像画を見ると、その母の人となりがよく描かれていて、生きている母と対面している錯覚にとらわれそうになる。

前にも書いたが、母知恵子の実家は瀬戸内海に面した、笠岡港の海辺の横島という村であった。瀬戸内海は古代からの大動脈で、海沿いの港には多くの船が寄港して、人の出入りが多かった。多くは漁業や海運に従事する海の民であった。

彼らは土地に縛られる事の少ない、いわば自由人だった。開放的な気風は沿岸には色濃く残っている。海沿いの地方は内陸部の農村地帯に比較して、伝統や因習にこだわらない気風で、横島も例外ではないだろう。

一方で、美星町宇戸は瀬戸内海から数十キロの奥深い山中で、古代からの伝統を長い間守ってきた地方であった。瀬戸内海の海沿いとは大きな意識の差があった。

山育ちの父、海育ちの母、相反する環境の育ちだったのである。こうした状況の中で若い母が、家族を分け隔てなく扱うことは、決して生易しいことではなかったはずで、人一倍気丈な人だったと思われる。知識欲旺盛で、隠居してからは終日新聞をくまなく読み、八〇代で〝円高円安〟を口にする程だった。

父を早くに亡くしたこともあって、卓志は母親から多くの影響を受けている。

卓志は小学校の低学年の頃は、痩せていて病気がちであった。晩年に授かった末っ子の男の子（岡山の方言ではかわいらしく〝おとんぼ〟という）だったから、母の心配は尋常ではなかった。毎日の食べ物にもいつも気遣っていた。

そんな母の心配をよそに卓志は熱を出し寝込んだ。母は大事をとって学校を休ませた。数日すれば回復すると思ったが、熱が下がらない。医者を家に呼んで診察をさせた。初期の結核であった。その時の母は傍目にもオロオロ取り乱しているのがわかった。

戦前の結核は不治の病として恐れられていたが、その頃には特効薬のストレプトマイシンが開発され、輸入され始めていた。手に入れるのは難しく、価格も驚くほど高価だった。

医者に懇願《こんがん》して、なんとか投与してもらった。母はつきっきりで、人目を憚らずに看病をした。学校を休んで家での療養を余儀なくされたが、その甲斐あって、卓志は二か月ほどで回復して、学校に復帰できるようになった。

四人の子を次々に失った父母は、末っ子が無事に回復したのを心底喜んだ。そしてもう二度とこんな思いはしたくないと思ったのだろう。

末っ子の快気祝いと長男の病気回復を祈願して、七年ごとに執り行う式年の荒神大神楽《こうじんだいかぐら》を坂川家で引き受けて開催する決意をしたのだった。

備中神楽《びっちゅうかぐら》

この吉備高原では、古くから神楽が盛んに行われている。別名を荒神神楽《こうじんかぐら》と言う。荒神様（地域や台所を守る神）に捧げる神楽で毎年多くの村の八幡神社で、秋の収穫祭として例年九月から一二月に行われた。

夕方になると神社の舞台の周囲に、幾つもの篝火《かがりび》を焚いて、その明かりの中で、神楽面をつけた猿田彦命《さるだひこのみこと》、素戔嗚命《すさなおのみこと》や大国主命《おおくにぬしのみこと》、事代主命《ことしろぬしのみこと》が太鼓に合わせて舞を舞う。神楽面を被った舞手によって、古事記の神話を題材にした、演劇風の神楽が舞われる。天岩戸開きや素戔嗚命の八岐大蛇《やまたのおろち》退治などは、つとに有名である。

神楽の当日、村人たちはそれぞれにご馳走を重箱に詰めて、酒を持参して家族で神社に集まった。親兄弟、親戚まで、家族が顔を合わせて、賑やかに酒を呑み交わし、その時には奮発したご馳走を食べて楽しんだ。出稼ぎや就職で外に出ている人たちも、必ず帰郷した。

村人の親睦を図り、同族意識を確認する場でもあった。

若者たちは寄り集まって、可愛い女の子を見つけて囃《はや》していた。娘たちは着飾って数人で寄り添い、男たちから囃され、声をかけられるのを、恥ずかしげに期待していた。昔からこの祭りを契機に多くの夫婦が生まれた。

これは宮神楽とも言われ、近隣の多くの集落で毎年執《と》り行われていて、秋の収穫を祝う行事であった。開催する日にちは少しずつ違っていた。神楽の舞い手や笛や太鼓の楽師はそう多く

備中神楽　素戔嗚命《すさなおのみこと》の八岐大蛇《やまたのおろち》退治の舞

いないのがその一つの理由であった。

また祭礼は、村落ごとの付き合いも兼ねていて、村の重役たちは地区を代表して、隣村の祭礼に金一封の祝い金を持って訪れる。自分の村の祭礼には周囲の村の重役が祝いに訪れる。

古来からそれを通じて、お互いに村同士の交流を図っていて、それも祭礼を一緒にしない理由だろう。

子どもたちにはそれは好都合であった。何しろこの周辺には二〇か所近くの村がある。あちこちの村を次々に渡り歩いて遊びまわっていた。

この備中神楽（荒神神楽・式年荒神大神楽・宮神楽などさまざまな呼称と規模があるが、昨今は備中神楽が総称として使われている）の歴史は古く、平安時代以前に遡《さかのぼ》ると言われている。この地方は特に盛んで、村々に代々引き継がれている古来からの形式を、今に色濃く残しており、国の無形重要文化財に指定されている。

その中でも荒神大神楽は、この毎年開催される宮神楽《みやかぐら》とは違って、式年神楽《しきねんかぐら》と言って七年、一三年、三三年に一度執り行われる大神楽である。この式年の神楽は、同族や集落単位で執り行われる。

まず神楽を執り行う村落の有力者や大地主が決められる。昔は輪番制であったが、その頃は主催者は手を挙げて名乗り出ることが多くなっていた。

開催する家が決まると、その家は頭屋《とうや》と呼ばれて、その家に神楽をやる神殿《こうどの》と言われる舞台が作られる。大きな屋敷ではその中に作るが、そうでなければ庭先に作られる。

神主がお祓《はら》いをして、そこに周囲の祠《ほこら》にある荒神様を集めてくる。そして夕方から夜通しで丸二日にわたる各種神楽が行われる。

古代の様式が保存されており、そこでの舞は勇壮で荒々しく、米占いをし、最後には神官が神懸かりの託宣《たくせん》をする。

この式年の荒神大神楽を受ける頭屋には、大勢の神官や舞手が投宿する。神楽の最中の二日分のご馳走や酒も振舞わなければならない。村人が、神殿作りやご馳走作りを手伝いに来る。大地主や村の重役でないとその経済的負担が重く、受けることはできない。

岡山や広島、島根、愛媛、香川の瀬戸内海沿岸の地方では、古代からこの荒神信仰が盛んである。最も荒神社《あらがみしゃ》が多いのは、岡山でその次が広島である。この備中の吉備高原が、荒神信仰の本拠地とも言える。

日本の他の地域には、ほとんど見られない。

荒神とは竈《かまど》の神、山神、牛の神、屋敷神、氏神などを、皆含んでおり、家内安全や病気の快癒《かいゆ》を祈願する。荒々しい神でおろそかにすると、すぐに祟《たた》ると言われている。素戔嗚命であり牛頭天王《ごずてんのう》であるという。神仏混淆《しんぶつこんこう》の日本古来の信仰であるらしい。

さて、父母がこの式年荒神大神楽を引き受けると言い出した決意は、こういう背景を抜きにしては知ることができない。卓志は家で行われたこの時の神楽の一部を記憶していた。

古代から伝わる三つの舞がある。「白蓋行事《びゃかい》」「布舞」「綱舞」である。「白蓋行事」はきらびやかな紙飾りや紙垂を飾り付けた台を縄で神殿の天井に吊るし、縄の他方を引っ張って、神官の叩く太鼓に合わせて頭上で躍らせる。八百万《よろず》の神を迎える神事という。

ちなみに、兄昇は退職後この神楽の面作りをしていたという。また菊治叔父の末っ子で従弟の敏明氏は、今も神楽舞の名手であり、あちこちのお祭りに舞手として、年間三〇回以上も出演をしていた。無形文化財荒神神楽の海外公演にも参加して、フランスなどで演じたという。

このように坂川家はこの地方の伝統を受け継いできた旧家の一軒であり、卓志はこうした世界の中で、幼少期を過ごしたのだった。

第二章　忘れがたき故郷

輝く幼少期

故　郷

兎追いし　かの山
小鮒釣りし　かの川
夢は今も　巡りて
忘れがたき　故郷

如何にいます　父母
恙なしや　友がき
雨に風に　つけても
思い出る　故郷
志を　果たして
いつの日にか　帰らん
山は青き　故郷
水は清き　故郷

卓志は母の愛情と荒神神楽の御利益によって、健康と頑健な体を獲得して、この吉備高原の大自然の中でのびのびと育ち、キラキラと輝く幼少期を手に入れた。この時期はその人の一生を左右するような時期だといえるが、彼は幸せな時間を過ごせた。仮に故郷の山や川が荒れ果て跡形もなく失われても、心に刻まれた幸せな記憶は消えることがない。卓志の故郷宇戸は、今もその面影を色濃く残しており、その生家も昔のままに残されている。

高野辰之作詞の「故郷」は素直にそれを唄っている。日本人が最も愛唱する歌の一つだろう。

宇戸小学校の小さな校庭の東には、いくつもの丘が重なり、次第に谷に降りていける様が見渡せる。その丘の周辺に宇戸の民家が散在している。その西方の丘は、少しずつせり上がるように高くなっていく。

その坂の中腹に卓志の住む坂川家はあった。宇戸の一番上で民家を一望できた。上にはもう家はなく、裏の森と原っぱを登りきると、そこにこのあたりで一番高い龍王山があった。標高は五〇〇メートル以上もある。

現在は、頂上辺りは〝星の郷《さと》〟として有名な観光地となっている。歴史公園が整備され、「中世夢が原」「美星天文台」「美星の青空市場」等、賑わいをみせている。

農家の朝は早い。顔を洗って庭先に出ると東の空に陽は昇り、鳥たちがさえずり飛び回る。

村のそこかしこから、牛や鶏の声が聞こえて来る。

学校に行く前は、自宅の牛小屋に行って餌をやり掃除をする。それから朝ごはんを食べる。

「卓ちゃん！」と近所の仲の良い同級生が迎えに来る。

「ちょっと待ってくれ。すぐ行くから」

「宿題やったか？」

「あ～、いけねえ。やってねえ」

「先生に怒られんど」

「先生は優しいから大丈夫」

卓志はランドセルを急いで背負って、駆け出して行くのが常であった。

宇戸の野山にタンポポが咲き、土筆《つくし》が芽を出す。丘陵のそこここに桜が咲いて、花吹雪が舞い散り、モクレンやレンギョウが、鮮やかな花を咲かせる。

その花時計が回って暖かい風が吹き渡る頃になると、農家の一番忙しい季節になる。家族総出で農作業に出かける時は、まだ幼い兄昇の子どもたちも一緒に連れて行く。

棚田の田植え

大人たちが田や畑で農作業をしている周りで、虫やカエルを追いかけ花を摘んで遊んでいた。

田植えの頃

やがて村のあちこちで、田植えの準備は始まる。坂川家でも母の声掛けで、皆忙しく農作業を始める。田植えの前日、苗床から苗取りをして、それを藁《わら》で束ねる。縄を張った田んぼに、その苗を手作業で植えて行く。

腰を屈めて、広い田んぼに苗を手作業で植えるのは、重労働で時間もかかるため、村人が助け合って共同で田植えをする。近隣の助けを借りて自分の家の田んぼが終わると、今度は隣の田植えの応援に出かけた。こうして村中の田植えをしていた。

二人の姉も学校から帰るとすぐに着替えて、畑や田んぼに出かけていた。

日曜日は家族みんなで、田んぼの草取りや畑に出かけて仕事をした。

「おーい、昼飯にするんよ！」

天気の良い日には青い草の上に茣蓙《ござ》を敷いて、おにぎりと沢庵と野菜の煮付けをみんなで食べた。

卓志はそんな農作業を、小さい頃から懸命にやっていた。それがみんなの為に大事なことで、自分が小さいながら期待されていると知って、何よりもそれが嬉しかった。

畑や田んぼの中で汗をかいて、牛を追って野山を駆けずり回るのが大好きだった。野山にはトンボや蝶々が飛び回っている。川にはどじょうや小鮒《こぶな》が泳いでいた。

小学生の低学年の頃病弱でひ弱だったおとんぼ（末子）は、いつの間にか故郷の自然の中で

苗代作り

健康を次第に取り戻して、逞《たく》ましい子どもになっていった。

母は、坂川家の実質的な男手の卓志が大きくなるに従い、力仕事を頼るようになった。その期待に応えて卓志は頑張っていた。

中学校の頃には、牛を使って一人前に田んぼを耕すことができた。それは面白くて好きだった。牛に鋤《すき》を引かせて、田んぼや畑の土を起こす。

春の土はまだ硬い。塊になってゴロゴロとしている。その田んぼに水を入れて、マンガという、先が櫛の歯のような鋤を牛に引かせて、土を細かく砕いて、滑らかな苗代にする。マンガ

赤子は畦道に

の柄を両手で掴んで牛を追うのだけれど、土が硬いと、それがガタガタと上下に振動してうまくいかない。

ふと思いついて、そばで見ていた小さい甥をマンガの上に乗せてやると、重しになって、うまくいく。甥はさながら牛車の御者になったつもりになって

「キャ〜キャ〜」と喜んでいた。子守りまでもやってのけていたことになる。

周りの家族も作業をしながら、それを見て笑っている。母は笑いながら言った。

「タク、気をつけてやんな！」

良い苗を育てるのは難しい。苗の出来によっ

て、収穫に大きな差が出るからだ。そんな時は近所の村人が教えにきてくれた。

卓志は教室の机に向かって勉強するのは、退屈で嫌いだった。家で宿題をしても農作業の疲れが出てすぐに眠くなる。だから勉強はいつもおろそかになった。

しかし体育は得意で、一〇〇メートル競走や鉄棒、マラソンも誰にも負けなかった。

「一番はいつも卓ちゃんだ！」

みんなは仕方なく二番以下を競っていた。

宇戸小学校の校庭は狭くて、隅に鉄棒と小さな砂場があった。体育の授業はそこでやるけれど、運動会は毎年、烏頭の山の上の水呉場《みずくれば》という原っぱでやった。

何故水呉場と呼ばれているのか、わからなかった。そこは峠の上の窪地で、見晴らしの良い、広い原っぱだった。

毎年運動会のために、村人総出で草を刈り整地をした。当日は朝から運動会を知らせる花火の音が響いた。村人は茣蓙と弁当を持って集まって来た。賑やかだった。

花形競技は何と言っても一〇〇メートル走とリレーだった。卓志はいつも飛び抜けて一番で、村人のやんやの喝采を浴びるほどの人気者だった。

運動会には村人も参加し、パン食い競争や玉入れ、綱引きをした。まだテレビもない時代の村一番の楽しみの一つだった。

卓志は試験の前も、いつもどおりに外で農作業をして、暇があると遊びまわっていた。試験のための勉強はしなかった。面白いことがいっぱいあって、それどころではない。それでも成績は上の方だった。なんども級長に選ばれ、いつのまにか宇戸小学校のガキ大将になっていた。

やがて待ちに待った夏休みになる。

「さあ、みんな明日から夏休みです。夢中になって遊んで、怪我をしないようにしなさい。宿題もちゃんとやるのよ」

担任の先生の話が終わるやいなや、「うお〜！」と声をあげてみんなで一斉に教室を飛び出した。

牛の放牧

春の農作業が終わって、初夏になる頃の宇戸の子どもたちには大事な仕事があった。牛の放牧だ。春の農作業で、疲れた牛を休ませて、栄養たっぷりな青草を食べさせるのだ。

朝飯をすませると近所の同級生や遊び仲間が集まって、卓志の号令で、この辺りの農家を一軒一軒回って牛を集める。

「タクちゃん、いつもありがとうね」と言われて牛を預かってくる。それを追い立て、丘の上の草っ原に連れて行く。そこは村の牧場だった。

牛は大人しくて、歩きながら時々低い声で啼いて、後についてくる。穏やかな大きな目で、卓志たちをじっと見つめる。

みんなで追いたて、高原の原っぱに連れて行った。空にはギラギラと夏の太陽が輝き、その下は気持ちの良い風が時折吹きわたっていく。

一面の青草は風に揺れて、風が走って行くのが見える。はるか東の山々が青く霞んで、幾重にも重なって一望に見渡せる。

春の農繁期の牛たちは朝から晩まで働きずくめで、夜は暗い狭い牛小屋に入れられていた。それがこの明るい大空の下で放たれて、生き生きと目が輝いていた。牛たちはそれぞれに好きな場所を選んで、美味しそうに青草を食べている。

卓志たちも牛と同じに解放され、学校や勉強も忘れてしまった。

広い草原には、背の低い潅木はあるが木陰はない。暑さを凌ぐために、屋根のある草葺《くさぶ》き小屋を作った。卓志はとても器用でもあった。

青いススキを鎌で刈り込んで、それを竹で作った小屋の枠の上に乗せる。その中は心地よい日陰になり、草の良い香りが漂っていた。

寝転んでいると、気持ちの良い高原の風が吹き抜けた。

そこは夏休みの村の子どもたちの秘密の隠れ家でもあり、みんなで集まって興奮しながら遊

放牧

んだ。

周りの原っぱで、竹を切った刀のチャンバラごっこ、新撰組と勤皇の志士の二手に分かれて戦った。森の石松も出てきた。

放牧場の近くには、灌漑用の水を蓄える、大きな池があり、八巻目《はちかんめ》池と呼んでいた。宇戸の高原には大きな水源がなく、田や畑の水は灌漑用の溜池の水を農業用水に使っている。村人総出でこの池を作ったのだろう。その大きな池を作るのに八巻目のお金がかかったのでそう呼ぶらしい。

ちなみに江戸時代に流通した寛永通宝千枚で一巻目という。その寛永通宝で八〇〇〇枚の費用がかかったのだ。今の価値に換算すると、どのくらいなのか。

ある資料によると一枚一二円とも言われ、単純に計算すると、約九万六〇〇〇円になる。

暑い日になると、みんなで八巻目池へ泳ぎに行った。水辺で遊んでいると、上級生がお面白がって下級生を池に突き落とす。卓志もなんどもやられた。泳げないので必死にもがいて、岸辺に上がる。油断しているとまた突き落とされる。

上級生たちはスイスイと泳いで、向こう岸に渡っていた。卓志は悔しくて、浅いところで必死に練習をした。見よう見まねで、いつの間にか泳げるようになり、上級生に混じって、得意になって池を横断できるようになったが、大きな池だから向こう岸に着くのは大変だった。

その池は田植えの頃は村の用水として水路に水を落として、村の田んぼを潤していた。水路は裏山の林を抜けて、卓志の家の脇を抜けて、水音を立てながら、下の田んぼに流れ落ちていった。

放牧は子どもたちの仕事だったけれど、大人が一人、交代でついて行った。

子どもたちだけでは遊び呆けて、何をするかわからない。子どもたちが、放牧をしながら遊びまわっているのを、木陰で見守りながら、大人は家から持参した藁で草鞋《ぞうり》を作っていた。

卓志の姉の艶子もよく放牧に一緒に来て草鞋を編んだと言う。

子どもたちは時々遠くの牛の様子を見ながら、終日遊び惚けた。でも日が西に傾く頃になると、牛を集めて帰らなければならない。

卓志はみんなに号令をかけた。

「牛を集めてくれ！」

牛たちは草原のあちこちに散って草を食べていたり、淹木の木陰で昼寝をしている。それを一頭一頭手分けをして、探して集めてくる。大事な牛を忘れるわけにはいかない。

「お〜い。今日は何頭だっけ？　一五頭だよな」

「一、二、三……あれ！一頭足りないぞ！」

もう一度みんなで手分けをして、淹木の中を探し回る。暑くなると涼しい木陰のなかに、牛が入ってしまう。そうすると、なかなか見つけられない。この辺りで一番高い龍王山の上のほうに行ってしまうと、探して連れ帰るのは大変だった。

「お〜い！　ここにいたぞ。これで全部だ」

村に降りる坂道を牛を引きつれて、一列に並んで降りて行く。森を抜けると、その向こうにはいくつもの丘が、うねりながら連なっている。

民家の屋根が見える。どの牛がどの家の牛か、一見皆同じようだから、見分けがつかない。でも牛は賢かった。自分の家の前に来ると、勝手に自分で帰っていった。

放牧の季節が終わると、草葺き小屋に火をつけた。

乾燥した小屋は、勢いよく炎を上げて燃え上がった。その火の周りを、みんなで大声をあげて、騒いで走り回った。

スカッとして、次の季節を迎えたのだった。

夏の川遊び

夏は何と言っても川遊びだった。東に三キロほど丘を下ると三山川という綺麗な渓流がある。

鬼ケ嶽

上流の鬼ケ嶽《おにがたけ》の麓を流れ下ってくる。

この鬼ケ嶽には温羅《うら》という鬼が住んでいて、大和の吉備津彦命《きびつひこのみこと》がそれを退治した話が言い伝えられている。

吉備高原は古来から鉄の産地として知られており、その技術を支配してこの地に勢力を張っていた渡来人が温羅であったといわれ、総社市にある鬼ノ城《きのじょう》遺跡の東麓には日本最古級の製鉄の跡が、発見されているという。

戦いに傷ついた温羅が、この山麓にある鬼ケ嶽温泉で傷を癒したと言い伝えられていた。かつて鬼ケ嶽温泉には一軒宿があったが、今はなくなっている。岡山の桃太郎伝説の一つだ。

卓志はその渓流に友達と泳ぎに行ったり、手作りの釣り竿を持ってハヤやヤマベを釣りに行った。川には色々な魚がいた。ハゼのようなドンコ、綺麗な声で鳴くカジカもいた。釣りに飽きるとそれを水の中で追いかけ回した。

昨日の冷やご飯で作った握り飯や、鍋の中のふかし芋を持ってきて、腹が減るとそれをみんなで食べた。

釣竿は手作りだった。竹やぶに行って、良い釣竿になりそうなものを選び出す。その竹の下の土を掘って根ぶち（根竹）から掘り出す。根ぶちは手で握るちょうど良い塊《かたまり》になっている。ナイフで丁寧に枝を払って、節を綺麗に削る。

七輪に炭火を焚いて、曲がっているところを加熱すると、そこは柔らかくなって曲がりを矯正することができる。

竹を回して、布で拭きながら曲がりを矯正していく。先端までなんども繰り返してまっすぐにする。それが終わると、竹竿の先端を糸で結んで柿の木に吊るして、下に二キロほどの重さの石をぶら下げる。そのまま、一か月以上吊るしておくと、良く乾燥して、真っ直ぐでしなやかな良い釣り竿になった。

　卓志は釣りが大好きで毎日でも行きたかったが、母が心配するし、田植えの忙しい時期には家族の手前気が引ける。村人たちからも白い目で見られる。だから、家族が留守をしているのを見計らって出かけていた。

　しかし農繁期が過ぎると周囲に気兼ねすることがなく、その自慢の竿を担いで釣りに出かけた。三山川の上流の鬼ケ嶽温泉付近から下流に向けて数キロに渡って釣り歩いていた。

　美しい緑に覆われた谷間を、冷たい透き通った水が岩の間を水音を上げながら流れている。水が砕ける岩の周りを狙って、釣り歩いていく。繰り返すうちに、渓流のどんなところを狙えば良いか分かってきた。どんなに暑い日でも、渓流には冷たい谷風が吹いて別天地であった。

　用心をしていないと草むらからよくマムシが飛び出して、鎌首をもたげてくる。それを棒で払いのけた。兄嫁は鎌を振りながらマムシに命中させ、甥を守ったとも聞いた。

　村の近くの小川ではウナギ取りもした。その川下の田んぼは冬になっても乾くことがなく湿地になっている。そこに何年も住み着いている大きなウナギがいる。針にミミズをつけて棒の先で川沿いの穴の中に押し込む。翌日にそれを引き出すと、大きなウナギが針にかかっている。針の先でうねうねと塊《かたまり》のようになっている。天然の大ウナギだ。炭火で焼いて食うと、歯応えがあってめっぽう旨かった。

松茸狩り

秋の松茸狩りも、卓志の仕事だった。坂川家には一番近くの裏山を含めて、いくつも松茸山があった。そこでは毎年松茸がたくさん採れた。松茸が生える頃になると、母に言われて背負い籠をせおって、松茸狩りをした。林の中に入って、赤松の根元付近を丹念に探す。

すぐに見つかる松茸は大きくなりすぎている。生え始めの小さな松茸は枯れた松葉の下に埋もれていて、慣れないと見つけるのは難しい。よく見ると丸い頭が少し見える。それを傷つけないように掘り上げる。丹念に時間をかけて探し歩く。

ある時、林の中に入ると、目の前に、大きな赤松が枯れて倒れていた。古木で根元が朽ちて風で倒れたのだろう。その幹の周囲の地面を見ると、倒れた赤松の幹に沿って、線状に松茸が驚くほどに無数に生えていた。

それを取るだけで、あっという間に背負い籠は満杯になった。独特の良い香りが立ってくる。

背負い籠一杯になると、それを農協に持って行った。

そのころ農協には姉の艶子が勤めていた。それを渡すと目方を計って、

「今年は出来はいいね。また頑張って持っておいで」

と代金を渡してくれた。

笠が開いたり傷んだのは、家に持ち帰って食べた。七輪に炭火を起こし、そこに焼き網を乗せて裂いた松茸を炙る。それを酢醤油で食べる。家の中に松茸の香りが漂っていた。

そんな時期には、母はひょっと裏山に行って松茸をとってきた。それをすぐに調理して夕飯のおかずに出してくれた。客のあるときもそうしていた。

採れたての松茸をいくらでも食べることができたのは、坂川家の贅沢な秋の楽しみだった。

山の松茸を取る権利の競売も、この辺りではしていた。まだ松茸が生える前に山にロープを

張り、その区画の松茸を取る権利を競売にかけていた。

権利を買っても、その年そこに松茸が生えてくるかどうかは運次第だった。

秋の農作業

秋の農作業も、春の田植えと同様に忙しかった。米の収穫と一言でいっても、稲刈り、はざ掛け、脱穀、籾摺《もみす》り、唐箕選別《とおみせんべつ》、精米をしなければならない。

黄金色の稲穂が頭を垂れると、秋晴れを待って総出で稲刈りに出かけた。稲の根元を左手で握って根元を鎌で切る。稲の根元を稲わらで縛って、適度な大きさの稲束にする。

刈り終えた田んぼの中には何列ものはざ掛けを作り、稲束はそのはざ木に渡した横竹に掛けて天日干しをする。

坂川家の田んぼは棚田のようになっていて、坂下に続いている。女は背負子《しょいこ》に目一杯の稲束を積んで家の前の広場に運ぶ。男はトンギレオウコと言われる棒の両端に稲束を刺して、両肩で担いで坂道を登った。

　卓志は女衆に負けずに、何時も目一杯の稲を肩に担いだ。全身汗まみれになって、なんども往復する。天気が続いている限り、毎日毎日午前中は稲を刈り、午後はそれを運び上げた。稲が干し上がるとそれを脱穀機にかけた。足踏みの回転式だった。足で回転ドラムを回しながら、稲束をしごいた。すぐに息切れして汗を掻く。

　家から遠い坂下にある田んぼの場合は稲束を運び上げるのが大変なので、その場の稲架《いねか》で干し、足踏みの脱穀機と筵《むしろ》をそこまで運んで脱穀をした。脱穀機の音の中で、乾燥した稲の匂いを嗅ぐと、不思議な懐かしさが込み上げ、卓志はうっとりとする瞬間があった。

　脱穀した籾《もみ》は籾摺《もみす》り機で玄米にする。出来上がった玄米には籾殻《もみがら》と藁屑《わらくず》が混じっているので、それを唐箕《とうみ》を使って選別する。左手で上に入れた米を、調節しながら落とし、右手で扇風機を回して落ちて行く米の中に混じった籾殻や藁屑を吹き飛ばして、玄米を選別する。

　秋の農作業の最後は、収穫した玄米を米俵に入れて終わる。

　この米俵作りが大変だった。脱穀し終わった稲わらを使って、手作業で全て作らなければならない。まずは俵作りに使う縄を作る。母や姉が夜なべ仕事で主に手綯《てな》いで作っていたが、足踏みの製縄機《せいなわき》も使っていた。足でペダルを踏むと縄を綯《な》う機械が回転するので、手前のラッパのような口から稲藁《いねわら》を差し込んでいく。

俵の両端の丸い蓋《ふた》になる座布団のような桟俵《さんだわら》を、作らなくてはならない。これは藁《わら》の穂先を束ねて縛り、まるい板の上に足で踏みつけて放射状に開き、複雑な編み方で編んでいく。俵の胴になる筵《むしろ》は身俵《みだわら》といい、筵《むしろお》織り機を使って、細い縄の間に稲藁《いねわら》を編み込むようにして織る。この身俵を筒状の俵の形にして、両端を桟俵で蓋をする。

そこに六〇キロの玄米を入れて、蓋を閉じて、もう一度外から身俵を廻して、その上から太い荒縄で何重にも縄でくくりあげて完成する。

縄や桟俵や身俵作りは主に母や姉たちがやっていた。しかし、玄米を入れて外側を太い縄で五重に縛り上げるのは、いつも卓志の力仕事だった。

足で俵を抑えて、縛った荒縄を全力で引っ張る。それを手かぎで捻《ひね》って、さらに強く引き、縛り上げて完成する。ジャッキを使うこともあった。更に卓志はその六〇キロの米俵を担ぐことができた。今の人にはとてもできないだろう。

　この俵づくりは複雑な工程があり、そのほとんどが手作業であった。田んぼで収穫した米を米俵に全部詰め、大八車に積んで五キロ以上の坂道を農協まで運んだ。農協では一俵毎に重さを計測して、中の米の品質の検査をした。

　こうしてようやく農家の一年が終わるのだった。収穫が終わると、あちこちの神社で収穫祭の宮神楽が始まる。村人の、毎年いちばんの楽しみであった。子どもたちの待ちわびたお祭りだ。宇戸や烏頭の地区には、村ごとに神社があり、秋の村祭りが行われた。

迫る憂き世の波

　宇戸中学校は烏頭の山の向こうにあり、卓志の住む村から北東に五キロほどのところにあった。曲がりくねった丘の間の道を下ってまた少し登り、烏頭の山を越えて急坂を下ったところにある。行きは楽だったけれど、帰るときは大変だった。三年間毎日この道を歩いて通った。

あの当時はそれが当たり前だったが、今思えば、それで足腰が鍛えられた。その帰り道で、仲間や隣村の連中と喧嘩した。下級生がいじめられたので、仲間を集めて待ち伏せて、仕返しをしたこともあった。

次の日学校へ行くと、担任の先生に呼び出された。卓志が首謀者と誰かが先生に告げ口をしたらしい。卓志は終日、教室の後ろに立たされた。

学校の帰りには道草を食って、山の中を遊びまわった。そんな時は、卓志はいつも先頭に立っていた。そんな遊びが楽しくて、夢中になっている間に、中学校はあっという間に過ぎて行った。

三年になると、将来どうするのか、家を継いで農業をするか、工場で働くのか、進学するのか、そんな憂き世の波が、じわじわと押し寄せてくる。

不本意だったが、高校受験に直面し、仕方なく勉強を始めた。「俺には勉強は向かない。外で走り回って、農業をやってる方がずっといい」とその頃も内心思っていた。

兄昇は旧制第六高等学校から、岡山大学の教育学部を出て教員になっていた。村では飛び抜けて一番の成績だった。当時の大学進学率は、短大や専門学校を含めても1％以下で、ましてや国立大学は難関である。

その兄と比較して「俺は勉強が苦手だ」と思っていたのだろう。しかし卓志の成績は、自分が思ったほどには悪くなかった。結局、卓志はこの辺りでは名門校と言われる進学校の岡山県立矢掛《やかげ》高等学校（以下矢掛高校と記す）に進学した。

矢掛町は宇戸の南に一五キロほど山を下ったところにある、山陽道（西国街道）沿いの宿場町である。そこまでは人が歩けるだけの道幅しかない急坂を下って、そこから自転車で通うしかなかった。バスも走っていない為、通学も大変だった。

毎朝早く家を出て、東に五キロほどの急坂を歩いて下ったところの遠い親戚の家に向かい、そこから、預けてある自転車に乗り換えて、一〇キロほど先の高校へ通学した。兄も甥たちもみんな同じ様にして矢掛高校に通ったのだ。

夏は学校に着くと全身汗びっしょりになり、一時間目の授業の時も汗が引かなかった。

帰りも逆コースの自転車から徒歩で、長い坂道を登るのは退屈だから、天気が良い日には本を読みながら登ることが多かった。それを通りがかりに見た村人は「タクちゃんは歩きながら受験勉強をしとる。偉いもんだ」と噂をしていた。でも卓志が読んでいたのは教科書や参考書ではなく、マンガや趣味本だった。雨が降ると傘をさしながら、自転車を漕がなければならない。風が吹くと傘は飛んで全身びしょ濡れになる。真冬の寒い日の自転車通学はもっと大変だった。睫《まつげ》に息が凍りついて真っ白になった。

この坂道はこの山間部の宇戸から矢掛や倉敷、岡山などの瀬戸内海沿岸の街に通ずる唯一の生活道路であった。自動車が普及するようになって、その道の拡幅の改修工事が必要になり、宇戸や隣村の鳥頭から人を集めて長期間の工事が行われた。無償の勤労奉仕であった。

卓志はこの工事に坂川家代表で参加した。鶴嘴《つるはし》を使って路側の崖を崩し、それをスコップでリヤカーに積み込んだ。きつい作業だったと言う。

矢掛高校では、生徒を進学・就職など進路別にA、B、C、D、Eと五段階にクラス分けしていた。A、B、Cは進学、D、Eは就職組で、卓志はCクラスにいた。国語や社会よりも数学や幾何が好きで得意だったので、理科系に進むつもりだった。

国立の愛媛大学工学部を受験したが不合格だった。私立は神戸や大阪にいくつもあったが、入学金や学費が高い上に、下宿代も必要になる。そんなわがままは当時の坂川家ではとても言い出せず、仕方なく一年浪人をした。その浪人時代は卓志はあまり記憶にないという。家で農業を手伝いながら、受験勉強をしていたのだろう。

その頃、日本政府は日本海外移住振興会社を設立して、ブラジルや中南米への移住を盛んに奨励していて、新聞やテレビでも海外移住のニュースが、よく出ていた。その影響もあり

「俺は父や兄のように、ここで生活をするのは嫌だ。広い世界を、自由に飛び回ってみたい」

「外国航路の船に乗って、海外に行こう」と思った。

通信士の資格を取れば船乗りになれる。名古屋にある高等無線通信学校に行って、無線士の資格を取ろうと思ったが、母はそれに賛成ではなかった。可愛い末息子が遠い異国に行ってしまうのに耐えられなかったのだろう。

「船乗りは危険だから、やめておくれ」と反対をした。

しかし卓志の思いは膨らみ、母の反対にもかかわらず、翌年に二年制の名古屋高等無線通信

学校に入学した。

第三章　伊勢湾台風

寮生活で遭遇した災難

漁船や内航船・外航船は、短波無線を使って船舶同士が陸上の港湾機関と連絡をするために、無線通信士という職種は欠かせない。無線通信士は、無線通信の操作をするだけでなく、通信機器の保守点検、修理も行う。その資格は高度な順に、一総通、二総通、三総通となっており、外航船の無線士になるには一総通の資格が必要だった。二総通は近海を航行する商船や大型漁船、三総通は主として三〇〇トン以下の漁船が対象となっている。

一般には一級、二級、三級の通信士と呼んでいた。試験は難しく、この資格があると商船会社へ就職して、外国航路の船や近海の商船、輸送船、貨物船の無線士となる道がひらけていた。また電電公社や自衛隊へ就職できた。卒業すれば三級の資格は取れたが、一級、二級の資格取得は難関で、卒業後も勉強を続けなければ合格できないのだった。

生まれて初めて故郷を離れて、大都会の名古屋で暮らすことになった卓志は、名古屋港に近い大江町の加福寮という学校の寮に入った。古い木造の二階建てだったが、大きいしっかりした木造の建物だった。寮に入ったのは、卓志のように地方から出てきた同世代の男子ばかりだった。食事は、賄《まかな》いのおばさんが作ってくれて、朝食と夕食は食堂で皆一緒に食べ、決して一人を感じなかったし、寮生活は面白かった。

ある時、寮生と一緒に風呂に入っていると、仲間の一人が卓志の背を流しながら言った。

「お前の体は筋骨隆々で肩に力瘤《ちからこぶ》もある。北海道の炭鉱で働いていたのか？」

「違うよ。小学校の頃から、朝から晩まで田んぼや畑で仕事をしたせいだ」

「そんなに働いたのか？」

「うちには広い田んぼや畑がある。それをみんな俺がやったんだ。高校が終わるまでやってた」

言われるまで気が付かなかったが、その力瘤は小さい頃から農業に励んで、我が家を支えてきた証拠だった。

さらに五キロ先の山向こうの中学校と、はるか一五キロ先の高校まで、毎日六年間も通ったのだ。足腰も鍛えられていた。人の精神と肉体は一体で、精神の強さも鍛練のような通学なしてはあり得ない。これが以降の卓志の人生の大きな支えになった。

入学した翌年（一九五九年）の九月二五日のことだった。

寮のラジオで、大型台風が太平洋の沖合から、名古屋方面に向かってくると放送していた。やがて東海地方に大雨強風警報が出た。空は曇って、少し暖かい海風が吹きだし、険しい雰囲気になっていた。

翌日は土曜日で授業は昼までだったが、その頃には次第に風が強くなり雨も降り始めていた。早く帰るようにという学校からの注意があって、みんな早めに寮に帰った。寮の周りを皆で点検し、吹き飛ばされそうな物を片付けた。戸締りを確認し、窓や戸に釘で板を打ち付けた。

寮の夕食も早くなって、終わる頃には強い雨風が襲い、急速に激しくなっていった。悲鳴をあげるような風音が響き、物が吹き飛ばされる音が聞こえる。停電して、部屋は真っ暗になった。寮の窓もガタガタと音を立て、大風が吹くたびに寮が揺れた。寮生たちは、暗い自室でじっと緊張していた。

窓の外を見ると、トタン板や看板のようなものが薄暗い空の中を飛んで行くのが見える。目の前の暗闇が、突然稲妻のような強烈な光を発した。高圧線が風に揺れてショートしたのだ。それからの凄《すさ》まじさは、想像を超えていた。ものすごい風の唸る音と物が破壊される音が入り混じって響いてくる。

「水だ、水が来たぞ！」

突然一階から大声で叫ぶ声が聞こえて、大きなゴボゴボという水音がした。卓志は懐中電灯を持って暗い階段を降りて行った。玄関の戸の間から水が激しく流れ込んで、みるみる水位が上がってきた。

「みんな、すぐに二階にあがれ！」

「グズグズするな。荷物なんか置いていくんだ」

辺りは騒然としていた。階下の寮生は、膝上まで上がってきた水の中を掻きわけるように、懐中電灯を頼りに階段を昇って二階に避難した。その間に水は腰の深さになり、水位は瞬《また》く間に一階の天井に届くまでになった。

二階の暗闇で、みんな寄り集まって固唾を飲んでいた。水位が今以上になったら危ない。寮は大丈夫か。風の音に混じって、激しい物音が聞こえて来る。何かが壊れるような音だ。瓦が飛んできて窓ガラスが割れた。風雨が吹き込む。

真夜中を過ぎ、明け方近くになって、ようやく雨風が急速に治まってきた。しかし水の流れる大きな音は絶え間なく響いている。外が次第に明るくなった。寮の二階から外を見ると、見渡す限り水浸し、街は破壊されて見る影もなく、家や大きな丸太が勢いよく流されている。

その時「お～い！助けてくれ」という声がした。

流れてきた屋根の上で、人がこちらに向かって手を振っている。流木に捕まっている人も、近くの木にしがみ付いている人もいた。水位は三メートルはある。

伊勢湾台風で流れてくる人を救助した

卓志はみんなに声をかけた。

「おーい、みんなで助けよう！」

寮の中を手分けして探して、ロープや物干し竿を集めた。ロープに重しを付け、それを流されている人に投げて、引っ張り上げた。近くの人は物干し竿を使った。次々に流れてくる人を助けたが、どうしようもなくて、そのまま流されていった人もいた。

やがて昨晩のすざましい嵐が嘘のような、台風一過の青空が広がってきた。しかし窓から見渡す限りのものが、二メートル以上の海水に浸っていた。近くに見えていた木造の平屋はほとんど破壊されて跡形もない。家の残骸と、大量

伊勢湾台風の直撃を受けた名古屋市街

の巨大なラワン材の丸太が、あちこちに浮かんでいた。

丸太は直径一メートル、長さは一〇メートル近くもある巨木だった。名古屋港の貯木場にあったものが、決壊した堤防を越えて、市街に流れ込んできたのだった。

木造家屋はほとんど破壊され、寮だけが無事で、寮の二階が離れ島のように、海に浮かんでいたのだ。これが平屋だったら、どうしようもなかっただろう。木造の古びた加福寮は、見かけより頑丈だったので、命拾いをした。

筏で探検。右の長靴が卓志

バヤリースオレンジは美味かった

風もない穏やかな日になったが、海水は何日たっても一向に引かなかった。背丈を越す深さだったが、引き潮になると腰の深さになるということを繰り返していた。

電気も水道も使えない。食べ物もない。わずかに残っているものを、分け合って食べた。近くを救援の船が走るのも見え出したが、なかなか行き渡ってこない。腹は減るし喉が乾く。それを待ってはいられない。

寮生に声をかけ、協力して、丸太や浮かんでいた材木をロープで縛って、簡単な筏を作り、その上に乗って物干し竿で漕《こ》いだ。それに乗って近くの商店を探した。建物はほとんど壊れて、わずかな残骸が泥水に浸かっている。

「確かこの辺に乾物屋があったよな」

「もう少し先かもな」

「ああ、ここは酒屋だったところらしい。看板がある」

服を脱いでパンツ一枚になって卓志は泥水に飛び込んだ。泥水に潜って何かないかと手探りで探した。手に当たるものが見つかった。

「あ~缶詰だ！　酒もある。ジュースや炭酸水もあるぞ」

それを筏に運び上げた。全身泥水でずぶ濡れだった。それを寮に持ち帰った。瓶のバヤリースオレンジジュースはうまかった。サバの味噌煮や鮭缶もあった。味をしめて交代で何度も探しに行った。当座はそれでどうにか凌げたが、寮には助けた人も加わって大勢のため、それだけでは、どうにもならなかった。

やがて、ヘリコプターから水や食料の救助物資が落とされるようになった。丸太とガラクタが重なって島のようになっている場所に下ろしていく。

みんなで筏を漕いでそれを取りに行き、学校の屋上まで運んで、被災者に配給もした。そのうちに学校の屋上にもヘリコプターやボートで救助物資が届けられた。

この辺りは埋立地で海面より低く、決壊した堤防を締め切って、ポンプで排水しなければ水は引かない。

浸水していない学校の体育館や校庭には、多くの犠牲者の遺体にシートが掛けられ並べられて、線香が焚かれていた。近くを通ると、線香の匂いに混じって異様な臭いもした。そのシートをめくって、家族を探している人が大勢いた。

卓志たち寮生は陸地まで筏を漕いで、そこからバスに乗って食料を買いに出かけた。泥だらけの格好を見ておばさんが「学生さん、大変だね」とおにぎりを一個ずつ恵んでくれた。

突貫工事で堤防の仮締め切りし、何台もの大型ポンプを据え付けて排水した。ようやく水が引いたのは三週間後だった。

水が引いても大量の泥が堆積している。家の残骸や巨大な丸太の片付けは、もっと大変だった。自衛隊が出動して、それらを重機で片付け始めた。水が引いて乾燥すると、今度は風が吹くたびに泥が舞い上がった。援助物資も十分に届くようになって、落ち着いてきたのは一か月ほどしてからだった。避難していた人たちも、やがて一人二人と寮を引き上げて行った。後に寮生は、名古屋市長から人命救助の表彰状を受けた。

この台風は、伊勢湾台風と名付けられた。日本の台風の歴史上最大の被害を出した。日本全体では死者約五〇〇〇人、全半壊の家屋約一五万戸、床上浸水約一六万戸、破壊された船は約一六万隻と、甚大な被害を及ぼした。未だに、この被害を上回る台風はないという。

伊勢湾に風速六〇メートルの強烈な南風を吹き込み、潮位が五メートルも上昇した。防潮堤が決壊して、膨大な海水が名古屋市南部に一気に流れこみ、名古屋港の貯木場の輸入ラワン材の丸太が市街地に流入して家屋を破壊し、被害を深刻にした。

この当時は高度成長期で木材の需要が急増し価格が高騰して、規制されていた木材の輸入自由化が急速に進められていた。どこの貯木場も大量の輸入木材で満杯になっていた。名古屋港も例外ではなく、その大量の輸入ラワンの丸太が災いしたのだった。

なんとか日常の生活も不自由なく暮らせるようになって調べてみると、寮の備品がたくさん無くなっていた。救助した被災者が、出て行くときに持っていったらしい。

台風騒ぎが一段落しても、寮や学校が正常化するまで更に一か月かかった。学校も長い間休みで、寮の片付けや、台風の後片付けをしていた。台風で混乱してあたふたとしていると、あっという間に時は過ぎて、気がつくと卒業する時期になっていた。

三級の無線士の資格は取れたが、それでは近海の船や漁船にしか乗れない。外国航路に乗るには一級や二級の資格がいるが、卒業後も勉強を続けないと取得できなそうだった。

これまでの費用ですら母や兄、姉たちまで協力して、無理をして出してくれていた。もうこれ以上無理をさせたくないと卓志は思った。

外国航路の無線士になるのは諦め、どこかの会社に就職をして自活するしかないと思った。

名古屋や大阪でも就職口はあったが、見知らぬ東京に行って、そこで働いて生活をしようと決心をした。

第四章　あてもなく東京に出る

初めての上京

卓志が東京に出てきたのは一九六〇年で、日本は再び高度経済成長期に入っていった。

東京は全く初めてだった。そこは岡山の故郷とは全くの別世界で、親戚や知り合いもいなかった。学校で就職する会社を斡旋してくれたわけでもない。景気が良かったから行けば何か仕事はあると思った。

大都会東京に行ってみたいという気持ちも強かった。いきなりあてもなく汽車に乗って東京駅に降り立ち、杉並区のアパートを借りた。

どうして杉並区に住むことになったのかは、卓志はよく覚えていない。目についた駅前の不動産屋に飛び込んで、安いアパートを探してもらった。安普請《やすぶしん》で歩くとギシギシ音がする、木造のアパートの一室だった。四畳半で小さな流しとガスコンロがついていたが、トイレは共同だった。それでも、アパートの敷金と権利金、保証金で予想以上の出費になった。

大した所持金があった訳ではないから、懐はいっぺんに寂しくなった。所持金が尽きるまでには、とにかく仕事を探す必要があった。

アパートには、同じ年頃の田舎から出てきた男がいて、卓志と同じで、やはり仕事を探していた。彼は街を歩きながら、電柱の求人の張り紙を見て歩いていた。新聞の求人広告も毎日丹念に見ていた。互いに情報交換をして心強かった。

なるべく日当の高い仕事を探した。ある時、電柱の求人の張り紙が目に止まった。「臨時工を求む」と書いてあり、よく見ると、時給がかなり高かった。何より会社はすぐ近くの荻窪で歩いて通えるし、「経験不問」であった。電話をしてその会社に行くと、簡単な面接ですぐに雇ってくれた。

この会社は電元オートメーションという自動機械を設計して製造、据え付けをする会社だった。初めての工場勤めで戸惑うことも多かったが、なんとかなると思った。織機や染物の自動機が多かった。大型機械で電気容量が大きく、配線はハンダではなくクランプを使っていた。半年もやっていると色々わかってきて面白くなってきた。

荻窪の工場で設計、製造した自動機を試運転して改造、修正する。問題がなければ、発注元の工場にその自動機を納入して、そこで組み立てて試運転する。問題なく稼働するように調整をするのだが、うまくいっても数週間はかかる。問題があると数か月に長引くこともあった。大牟田や四日市になんども出張をして、その機械の設置と調整を行った。

自動機に操作手順書のパネルを設置するのだが、卓志はそれを製作するように指示された。解説図やシーケンス図を綺麗に描かねばならなかった。その頃は今と違ってパソコンもプリンターもないため、大きなものは丁寧に手書きするしかなかった。絵が得意だったから、上手く描いて喜ばれ、配線や電気回路のこともわかってきた。

臨時職員としては、良い給料をもらっていて、正社員にしてくれるならばここで働き続けるのも良いかと思っていた。

遠距離交際と転職

ある年、四日市の織物工場に、自動織機の納入で出張することになった。納入先の工場に機械を設置するだけでなく、順調に稼動をするのを確認するまでの長期出張である。

織物工場で働く女性の一人と親しくなり、付き合うようになった。山形から集団就職してきた大野勝子という、色白の可愛い人だった。

東京に帰ると彼女から手紙が届き、それをきっかけに、頻繁に文通するようになった。遠距離交際で何かと不自由だったから、お互い早く結婚したいと思うようになっていた。結婚して一緒に暮らすには、もう少し大きなアパートに越さなくてはいけない。家賃も高い。生活費も今よりかかるだろう。彼女も向こうの会社を辞めるとすると、東京で仕事は見つかるか等々、とても悩ましかった。

彼女の父は酒好きで、遅くまで呑んだくれて、よく夜のあぜ道で寝ていたという。母は早くに亡くなっていた。実家では彼女の仕送りを頼りにしていたのだ。

卓志は仕事も随分できるようになっていたが、会社は相変わらず臨時雇いで、本採用にはしてくれなかった。二人の生活となると充分でないので、本採用してくれる待遇の良い会社を探そうと思い立ち、荻窪の会社を退職した。

卓志の希望は正社員。これまでより高い給料の会社を丹念に探した結果、東京トランジスタ工業（株）の求人を見つけた。会社に電話すると、文京区大塚にある本社工場に面接に呼ばれ、これまでの経歴を話すと、すぐに採用してくれた。

翌日出社すると、検査課に配属され、その日から仕事を始めることになった。

名古屋から東京に来て二年後の一九六二年（昭和三七年）、卓志は二四歳であった。

第五章　揺籃期《ようらんき》の東京トランジスタ時代

トランジスタと出会う

一九六〇年当時、池田勇人首相は国民所得倍増計画を打ち出していて、好景気であり、それを背景に労働組合の賃上げ闘争が活発化し、サラリーマンの給料も毎年一〇%以上賃上げされ、この一〇年間の国民の所得は池田首相の予測を超えて倍以上に成長していた。

所得の向上によって三種の神器と言われたテレビ、洗濯機、冷蔵庫が爆発的に全国に普及し始めていた。

その一方で、ソニー株式会社（以下ソニーと記す）の開発したトランジスタの性能が格段に向上して、これまでの真空管に置き換えられるようになった。真空管は大きくて消費電流が多いため、必然的にラジオやテレビは据え置き型の大型のものになっていた。

その真空管が豆粒のようなトランジスタに置き換わることで、消費電流は桁違いに小さくなった。トランジスタを使った携帯ラジオは小さく、乾電池でも十分に機能を果たすようになり、電源コードは不要だった。

その衝撃は大きく、ソニーが開発したトランジスタラジオは「ポケッタブルラジオ」と言われて爆発的なヒットになり、海外にも大量に輸出された。

ソニー以外の電気メーカーもその後を追って、次々にさまざまな機能の携帯ラジオを売り出し初めていた。作れば売れるという時代であった。

この乱立した後発の電気メーカーの一つが東京トランジスタ工業株式会社（以下、東京トランジスタと記す）という会社であった。卓志が入社した頃の社員は一〇〇人に満たず、トランジスタラジオが主力製品で、相手先ブランドのＯＥＭが主力だったが、アメリカにキャンドルという自社ブランドでも輸出していた。

卓志の担当は、回路基板の性能検査や、完成品の検査が主な業務だった。工場では多くの社員が基盤にコンデンサ、抵抗、トランジスタ、バリコンなどの部品をハンダ付けして、性能の検査をし、問題が出るとその原因を調べた。

回路をテスターで当て、どの部品に問題があるか調べて交換、完成品の検査も行った。うまく同調できない、ノイズが入る、受信できない等の不具合を調べ、原因となった部品を交換した。卓志は最初は戸惑ったが、次第に習熟して、電気回路のこともわかるようになっていった。

その頃の東京トランジスタの生産ラインには問題が多かったため、連日残業になり、深夜まで続くことも当たり前になっていた。卓志はその仕事は別段苦にならず、楽しんでいた。ほどなく係長手当がついて昇給した。努力が認められて嬉しかった。何人かの部下ができ、やっていけると自信がついた。

その後、家電市場はトランジスタで小型化した電気製品の新商品が相次いで開発されて、急成長していった。

一九六八年に松下電器産業株式会社（以下、松下電器と記す）が、世界初の二バンドラジオのラジカセを発売し、それを追いかけて一九七〇年からは各家電メーカーが相次いで、ラジカセの新商品を発売し始めた。当初はモノラルタイプが主流だったが、ステレオタイプも開発・投入されるようになった。

この状況の中で、東京トランジスタも次々に新製品を開発し、各社の後を追ってカセットテープレコーダーやラジカセを製品化した。

会社は急成長をしていた。大塚の工場が手狭になり、長野の佐久市に新工場を建設し、佐久工場が主力の製造工場になったため、卓志はこの佐久の新工場に転勤することになった。ちなみに佐久市は社長の出身地で、空気も水も澄んでいて、精密工場の格好の条件を満たしているのである。最近は、長寿エリアとしても名を馳せている。

転勤を機に勝子と結婚し、一緒に暮らし始めた。二人とも結婚式も結納もせずに、結婚届を役所に届けるだけでいいと思ったが、互いの実家に結婚の記念写真を撮って送り、報告とした。一九六三年（昭和三八年）のことだった。

第二のソニー

当時の多くの電気メーカーはソニーの動向を常に注視していた。ソニーが新製品を発売すると、その後を追うように、同じような新製品を発売した。多少遅れて発売しても、常に売れ行きは好調であった。東京トランジスタも同じであったが、他の家電各社と違うのは、国内市場ではなく海外への輸出専門だったことだ。海外の市場はトランジスタを使った小型の電気製品の普及が日本より遅れていたから、作れば売れる時代であった。

トランジスタを使って携帯用の小型ラジオで大成功したソニーは、その後、八インチのトランジスタテレビを発売して大ヒットになった。

そしてさらに小型の五インチの携帯用テレビを密かに開発していた。何処へでも携帯できて、自動車に持ち込んでテレビを見ることができる。

一九六二年一〇月に満を持して発売された商品名は「マイクロテレビ」であった。発売は大きな話題になり、売れ行きも絶好調でソニーは生産を拡大していった。

このマイクロテレビを作るには、半導体の性能向上が要求される。トランジスタラジオと違ってすぐに追随して行くのは難しい。株式会社東京芝浦電気（以下、東芝と記す）や松下電器などの各社も開発は進めていたが、なかなか製品化ができなかった。

そんな中で、東京トランジスタはソニーの後を追って、マイクロテレビの開発を果敢に進めていた。大胆にも東芝や株式会社日立製作所（以下、日立と記す）などの大手電機メーカーに先んじて、マイクロテレビを発売しようとしていた。

ラジオは波長の長い順に長波、短波、超短波を使うが、テレビはさらに波長の短い極超短波(ＵＨＦ)を使用する。

トランジスタで先行しているソニーは可能だったが、大手家電の日立、東芝、松下電器などは社を挙げて開発していたが、まだ技術が完成していなかった。

中でもそれに用いるトランジスタとその回路が大きな問題で、極超短波で安定して作動するものが必要だった。ソニーはその技術を開発していたが、そこから買うわけにはいかない。

東京トランジスタは松下電器と提携して、テレビ用のトランジスタ回路の開発と生産を依頼され、松下電器はこの技術提携を重視しており、両社で頻繁に打ち合わせ技術検討会が開かれた。

東京トランジスタの技術者たちは、松下電器に招かれて大阪・門真市の半導体工場内を見学させてもらった。白い制服を着て帽子を被った多くの工員は、双眼鏡を使って細かい作業をしていた。工員たちと話をする機会があった。

「目が疲れると仕事に差し支えるので、自宅ではテレビを見ない」という。ここでは松下イズムが工員にまで浸透していることに、卓志は驚かされた。時間内に仕事をしてベルが鳴ると一斉に帰宅する東京トランジスタの工員とは大違いであった。

東京トランジスタのマイクロテレビは、ソニーより大分遅れて、ようやく製品化にまでこぎつけた。これが新聞や週刊誌などに取り上げられて「第二のソニー」として話題になった。

証券市場でも話題になり、店頭に上場していた株価が急騰していた。マイクロテレビはアメリカ市場で販売した。アメリカではソニーのマイクロテレビの人気の余波がまだ続いていたので、かなりの台数の販売ができた。卓志が入社した時一〇〇人にも満たなかった社員は、三〇〇人にもなっていた。

製造課長から製造部長になるまで

卓志は入社して七年目、三〇歳で製造課長になった。ある日部長に、「坂川くん、君に一任するからマイクロテレビのチューナーの量産工場を作ってほしい」といわれた。テレビの生産は初めてで難しい問題が多く、そのチューナーの工場建設を任されて緊張したが、今までも卓志は難しい仕事を引き受けて、現場で悪戦苦闘しながら打開してきた自信があった。

これまでのトランジスタラジオや新しく発売するラジカセの生産に加えて、このマイクロテレビの量産工場の建設が始まった。従来製品の生産を維持しながら、マイクロテレビの量産設備の企画と製造をするというのは大変であったが、特にマイクロテレビのチューナーの生産ラインを作るのに最も苦労した。

チューナーの構造自体は複雑ではなく、その組み立てラインは比較的順調にできたが、完成品のエージング装置が最も難しかった。極超短波のチューニングはデリケートで特性が少しでも変化をすると問題になる。そのために完成したチューナーに二四時間通電して、特性が安定するまでエージングしなければならない。

通電しながらゆっくりと工場の中を動かして、二四時間後に、再度特性を検査をして合格品と不良品を仕分けする。大きな建屋の中の空間いっぱいに、チェーンベルトを動かしながら通電する大きな設備になった。基本構造を考案して、電気制御回路を設計し、機械装置メーカーを指揮して、ほとんど独力で作り上げた。

出荷したマイクロテレビは発売後しばらくして、画像が乱れる、受信できないというクレームで返品されるものが多くなった。ビルの陰や自動車の中ではノイズで画像が乱れて見えなくなり、特に自動車に乗せて走るとひどかった。車内では電波をうまく受信できず、さらに自動車が出す電波がノイズとなって画像を乱していた。

その問題の解析や対策、修理に追われた。問題の根は深く、解決は難しかった。超高周波用のトランジスタの性能が十分ではなく、不安定だったからだ。ほとんどがアメリカで販売していたので、返品された不良品を修理するために、ニューヨークとロサンゼルスに技術者を二人ずつ常駐させた。

しかし、基本的な問題があるのだから、修理をしてもまたすぐに返品されてくる。

日本でも、さまざまな実験をして対策を試みたが、解決するのは難しかった。四人の駐在員の派遣費用も重い負担になった。

よく調べてみると、実は先行したソニーも同じ問題で発売直後から悩んでいたのだ。あのソニーが長い間その対策を試みたがダメだったのだ。これを解決するにはトランジスタの基本性能の向上と回路の改良を待つしかなかった。

松下電器でもその問題の対策がなかなか進まなかった。発売当初の勢いは消えて、販売は停滞していた。やがてソニーはマイクロテレビの出荷を停止して撤退を決定した。

東京トランジスタは、まだ発売して間がなかったが、やはり撤退するしかなかった。

このマイクロテレビの失敗は、すでに大会社になっていたソニーではあまり問題にはならなかったが、東京トランジスタにとっては、大きなダメージになった。これまでの開発や、製造設備への投資は多額だったし、ほとんどが無駄になった。

会社にとって一番の大きな損失は、この開発を主導した本社の優秀な技術者たちが、信頼と自信を失ったことだろう。

松下幸之助が謝罪に訪れた

卓志の先輩で、東京トランジスタ創業時からの生え抜きの社員であった河内耕市氏という方がいる。当時のマイクロテレビの詳しい話を聞かせてくれた。

河内氏は高校を卒業して池袋にある大塚製作所という電気会社に就職した。クラウン株式会社（以下、クラウンと記す）の下請けでトランジスタラジオを製作していた。クラウンはＣＲ

ＯＷＮブランドでよく知られていて、トランジスタラジオの海外輸出の先鞭をつけた会社で、証券取引所一部に株式上場をしていた。

大塚製作所のオーナーであった長谷川氏と商社出身の渡辺氏、ソニー出身の技術者だった山田氏は、東京から佐久に疎開して知り合った麻雀仲間で、この三人で東京トランジスタが創立されたという。

昭和三四年四月、初代社長が長谷川氏であった。河内氏は大塚製作所の同僚とそこに誘われて参加した。

一〇畳ほどの狭い作業場で、三、四人でトランジスタラジオの組み立てから始めたという。当時のトランジスタラジオは六石であったが、山田氏が二石でも同じような性能が得られる回路を考案して、大幅にコストダウンしてそれが爆発的に売れた。

二台目社長の渡辺氏は有能な商社マンだった。単独でアメリカ出張して何万台という注文を受けて、現地から電話で仕様を連絡してきた。

それを基に設計生産して出荷するという離れ業をやっていた。

会社は三年後に卓志が入社した時には、すでに社員が八〇～一〇〇人いたというから、急速に成長したのだ。

マイクロテレビが失敗した時、松下幸之助氏が東京トランジスタに来社して、謝罪して損失の保障まで申し出たという。

しかし当時、東京トランジスタ二代目の渡辺社長はその申し出を断ったという。その後、引退した社長は機会があるとそれを自慢話にしていたという。

また河内氏は、松下電器や東芝、日立がソニーのあとを追って、すぐにマイクロテレビを製品化しなかったのは、技術的に問題があるのを知っていて様子見をしていたのではないかとも語っている。

確かに各社のトランジスタテレビ開発の経過を調べると、多くの問題を解決して商品化するのはすぐには無理だと判断していた、ということが分かってくる。ソニーの商品化にすぐに追随しなかった理由があったようだ。

とすれば東京トランジスタは松下電器に乗せられて、犠牲になった可能性もある。

松下電器が損失の保障を申し出たというのは、その表れかもしれない。

河内氏によれば、その後次第に東京トランジスタの経営が思わしくなくなった頃、松下電器から企業買収の申し入れがあったという。記憶によれば当時の金額で二億円だったという。今の金額に換算すれば二〇億円以上になると思われる。

他に伊藤忠商事からも買収の申し入れがあったが、紆余曲折の末に東京トランジスタは主力銀行からの要請によって、東洋棉花株式会社（以下、東洋棉花と記す）の傘下に入って再建を目指すことになった。

東洋棉花から、次々に社長が送り込まれてきたが、真摯に取り組む姿勢がないらしいと噂されていた。

その後の東京トランジスタはテレビ以外のラジオやラジカセ、それが発展したステレオラジカセなどの製品に取り組み、そこに活路を見出していた。新製品を次々に市場に投入し、多バンドの高級仕様のラジオも開発して出荷していた。テレビや極超短波も受信できる製品で、専用の製造ラインが何本もあり、卓志はいくつかの部門の担当を経験していった。やがて三四歳の若さで製造部長となった。工場長は取締役で、それに次ぐナンバーツーの地位である。

東京トランジスタの挫折

東京トランジスタは一時の活況ほどではなかったが、相変わらず工場の生産は忙しかった。日本経済は、高度経済成長期に入って一〇年ほど経過していた。その好況を背景にして、労働組合は毎年強気に賃上げ闘争を繰り返していた。

春闘の頃には経営者と組合の賃金交渉が全国一斉に行われた。日本労働組合総評議会、いわゆる総評が日本全国の組合の、賃上げ闘争を指導していた。

政治目的もあって、毎年この時期は、多くの企業や公共団体で、ストライキが行われていた。毎年一〇%以上の賃上げが続いて、企業の人件費は大きく膨らんだ。

一方でオリンピックや万博も終わって公共工事は一段落し、三種の神器に象徴された家電も日本中に普及していた。

日本企業は、国内の需要が伸び悩んで停滞し始めたので、輸出にこれまで以上に傾斜し、同時に工場を韓国や中国に移転し始めていた。人件費は日本の一〇分の一以下であった。

韓国は地理的に日本に近く、多くの企業が合弁会社を作って進出した。

韓国企業も日本の支援を受けて技術的な力をつけ始めていた。韓国に部品を発注して、コストを削減しようとする企業も多かった。

東京トランジスタは相変わらず、アメリカやヨーロッパ市場へ輸出をしていたが、ＯＥＭ販売が主力だったので、相手先の要望で販売価格は安く抑えられる上に受注数量が安定せず、購入する基礎資材や調達部品のコストダウンが難しかった。

このために競合他社に比較して採算が悪く、経常収支は赤字に陥っていた。当時の売り上げは約八〇億円で八億円近くの経常赤字を出していた。

こうした状況を受けて、本社から工場長と製造部長の卓志に、韓国への進出を検討するように指示があった。

合弁会社を設立するための法的な制約はどうか、人件費はどの程度か、進出するとすればどこがいいのかなど、調査は詳細に行われた。

中でも技術力はどの程度かを調べるのが、一番重要だった。合弁会社で製品を組み立てて完成させ出荷するにしても、全ての部材を日本から輸送するのではコストがかかる。なるべく多くの部品を韓国企業で作って、現地調達する。それによって部品コストや輸送費が大幅に削減できる。

卓志は韓国ソウルから釜山の各地の多くの企業を訪ねて、その技術力を調べて回った。韓国では日本からの企業の進出が相次いで活況を呈していた。日本からの訪問者はどこでも大歓迎された。

最初に訪ねた会社の社長室で持参した部品を見せて「こんな部品ができるか？」と聞くと「大丈夫。何も問題ないです」と自信たっぷりにいう。価格は日本の数分の一だという。

実績もあるというので、卓志は「生産した部品があれば見せていただきたい」と言った。韓国の社長はパネルに貼って壁に掲げてあるサンプル部品をとって見せてくれた。

「これがうちで製造した部品です。いい品質でしょう」と言う。

それを受け取ってみると確かに良さそうな出来だった。ラジカセの顔になるさまざまなデザインのアルミ製のパンチングがそこにあった。

見慣れたものもあったので、もう一度目を凝らしてみると、それは明らかに日本製であった。他の部品もよくみると日本製だった。

全て自社製だと嘘をついて平然としている。他に訪問した会社も似たり寄ったりであった。持参したサンプルを見せると異口同音に「問題はありません。作れますよ」と言う。何社も訪問したが似たようなものだった。

呆れてしまった。仕事上でこんなことは日本ではありえない。仕事を受けてしまえばなんとかなると思っているのだろう。

その後、何度も韓国に出張した。工場を作るための概算見積りをしたが、大きな費用を必要とした。それに見合う生産量が一定期間確保されなければならない。

卓志はその調査結果をまとめて報告書を提出したが、全体的に消極的な報告になった。しばらくして工場長から韓国への進出は見送りになったと言う連絡があった。

その韓国出張中に卓志は面白い人と知り合った。訪問した会社の社長の一人で、金山さんという。ＴＤＫ株式会社のカセットテープを佐久の工場で作っていると聞き、それが縁で懇意な付き合いが始まった。

他にもいくつかの会社も経営していた彼曰く「日本に来て気づいたことがある。それはあちこちの海岸を埋立ててその土地を売却し、そこに工場を作っている。韓国ではないことだ。私もそれを真似て、今韓国でそれを始めている」

実際にすでに埋め立て工事を始めていた。埋め立てが完成したら国に売り渡すのだという。民間の一私企業がそんなことをするのは日本では不可能だ。しかし彼はニコニコとして平然としている。そのスケールの大きさに驚いてしまった。

こんなことも話していた。

「企業経営をしていれば不渡り手形をつかまされることもあるよ。だけど不渡り手形を出すよりずっとましだよ」

東京トランジスタでも、何度か不渡りをつかまされた経験があった。小規模な取引先が倒産するのはよくあることだった。確かにそうだなと思った。発想がプラス思考なのだ。

ある時金山社長は突然意外な話をした。

「坂川さん、あなたの会社に廃版になったモデルはないですか？」

「モデルチェンジが激しいから、いくらでもありますよ」

「そうですか。もったいないですね。それを売ってもらえないですかね」

「どうするんですか？」

「私の会社でそれを作って、韓国で販売します。韓国ではまだ、よく売れますよ」

と真顔で言う。

卓志はなるほどなと思った。廃版になったものは、製品も金型も治工具《じこうぐ》も倉庫に眠っている。よほどのことでもない限り、そのまま錆びてしまうか、二束三文で売却するか廃棄される。

会社に戻って工場長にその話をすると、予想もしない話で戸惑っていたが、「そうだな。現金化できるならその方がいいな」と賛成し、その売却交渉を卓志に一任した。

すると今度は「韓国の工場で生産の指導をしてほしい」と言う。

確かに、金型やそれを作るための治工具や装置があっても、それだけでは生産はできない。卓志はこれまで生産に関わる、設備や検査機、治工具などの多くを設計して、ラインに導入してきた。電気回路の不具合を解析し修理してきたうえに、生産ラインまで作った経験がある。製造部長と言っても、大きな企業によくある、現場を知らない単なる管理者ではない。そのことを金山社長は嗅ぎ分けていたのだ。結局その条件で、売却と生産の立ち上げの指導まで行った。

卓志は人の話をよく聞いて一見ソフトであった。地位や権力で人を威圧したり、威張ることもない。嘘はつかず、悪口も言わない。遠くから見ている人には、彼の本当の力量はわからなかっただろう。しかし一緒に仕事をした人や、金山社長のように勘の鋭い人には、卓志の本物の実力がわかったのだ。

第六章　カウベルエンジニアリングの船出

出資者は一〇人集まる

前述のとおり、東京トランジスタは、これまでは好調だった輸出が伸び悩んでいた。販売や生産に関する会議では、この先どうしようとしているのか、会社首脳部の考えがわからなかった。マイクロテレビ開発の時のような熱気はすっかり失われ、新たに新製品を開発して挽回を図るというような、積極的な方針は何も聞こえてこなかった。国内市場では多くの競合他社が新しい機能を付加したものや高性能の新製品を開発し、大々的に広告宣伝をして次々に発売している。デザインを変えたものや極端に小型軽量化したものなど多くの製品が出回っていた。

東京トランジスタの課長会・部長会では常時赤字が報告されて、その対策が議論され始めたが、その積極的な打開策は見い出せていなかった。

しばらくして課長職以上を対象にした希望退職が打ち出された。卓志はこのままでは近いうちに会社はダメになると思い始めた。この会社にいても見込みはないかもしれないという思いが次第にこみ上げていた。別の会社に就職しようという気持ちにもなれず、自分で会社を立ち上げてみようかと思い始めてもいた。

入社以来、設計・生産・検査・部品の購入・販売などほとんどのことを経験した。製造部長になってからは工場や会社の運営の仕方もわかってきた。

韓国の金山社長の大胆な経営も卓志を刺激していた。大丈夫だろう。「自分ならもっとうまくやれるかもしれない」という気持ちは次第に強くなって、この会社を辞めて新会社を立ち上げようと決心した。

卓志は何かを始めるときに、成否を思い悩む人ではなかった。

やってみて初めていろいろなことがわかってくる。問題があればどうすればいいか、そのときに考えればいい。何か解決策が見つかる。始める前に思い悩むのは愚かなことだ。

どんな困難なことでも、人がやることは自分にもできると思っていた。

それからは独立するための準備を始めた。一緒にやってくれる仲間を集めようと思ったが、あまり大っぴらにはできず、話しても大丈夫そうな人を選んで一人ずつ声をかけた。

最初に声をかけたのは、岩手出身で入社以来一緒に仕事をしてきた課長だった。彼も会社に疑問を持っていた。

「この会社はこの先どうなるか心配だよ。国内はもともと不得手だし、海外の輸出も先が暗そうだ。何か打開策を検討しろという指示も出てこない。本社で検討している様子もない」

「俺もこのところの会議の内容を聞いていると、おかしいと思ってるんだ。一時の熱気は全くない」

「このままではこの会社はダメになると思う。実は、そうなる前に自分で会社を起こそうと思っているんだ」

「そうか…………、坂川ならできるだろう。そのときは俺も参加させてくれ」

それから他にも心当たりの人に話をしてみると、やはり同じように不安を持っていた。故郷は違えど一様に、故郷には帰れず、仕事も変えられず、皆将来を憂い、真剣そのものだった。結局一〇人ほどの協力者が集まった。

卓志は責任の重さや不安も感じ始めていた。うまくいくか？　みんな家族がある。家のローンも抱えている。自分も同じだった。長男の和志は小学校四年で一〇歳、長女の由里子は今年小学校に入学する。家内のお腹にはもう一人の子どもがすでに息づいている。しかし、やるしかない、やってみなければわからない、なんとかなるはずだ。今までもそうしてきたんだ、とその不安を懸命に振り払った。

休日に卓志は自宅で参加者を密かに集めて相談した。まず何よりも資金がいる。卓志の預金全てと、予想される退職金の一〇〇万円を全額出資する。他の参加者は可能な額を出資し、全部で五〇〇万円になりそうだった。

設立のために準備することは多い。まずは卓志が依願退職、準備が整ったところで他のメンバーが退職、参加することにした。

穂高岳

何はともあれ所在地となる場所を決めなくてはならなかったが、なかなか見つからない。そんなある時、自宅に電話があった。

「もしもし、坂川さんですか？　草間です。息子が穂高岳で遭難した時には、本当にお世話になりました」

数年前、東京トランジスタの花里という若い社員が、二人の友人と共に穂高岳で遭難し、全員亡くなるという痛ましい事故があった。その遭難者の一人が草間君で、父親が連絡してきたのだ。草間氏は佐久市で東洋開発という不動産会社を経営していた。父親の草間氏とは、部下の花里君の遺体収容という衝撃的な体験を共にしていたのだ。

「実は、坂川さんが会社を起こして、仕事場を探しているって聞いたもんだから、少しでも力になれるかと電話したんです」

「私の家の庭先に三〇坪ほどの納屋があります。使ってないので、それでよかったら使ってください」

これは願ったり叶ったりの申し出であった。すぐにそれを見せてもらうことにした。

思わぬ協力者

案内されたのは敷地の一角にある木造の古い建物で、三〇坪ほどの広さだった。農機具を入れる納屋は窓が多くて明るく、車を停めるスペースもあり、少し手入れをすればなんとかなりそうだった。更に草間氏は「賃料はいりませんよ。自由に使ってください」と言う。卓志はその場でこれを借りることを決めた。不思議な縁で、助けに来てくれたことがうれしかった。

これで会社の所在地が決まった。

会社名も決めなくてはいけない。佐久出身の東京トランジスタの品質管理部長だった人が、新会社の名称を考えてくれた。その年が丑年だったので、少し洒落て「（株）カウベルエンジニアリングはどうか」というのでそれに決めた。名前に格別の意味を込めたわけではなかった。

二週間ほどして登記完了の通知が送られて来た。

株式会社カウベルエンジニアリング

資本金五〇〇万円・代表取締役社長　坂川卓志

一九七四年三月、卓志は三六歳だった。

（株式会社カウベルエンジニアリングの表記は以下、カウベルとする）

それから一年後、東京トランジスタは廃業、解散したことを知り、卓志は感無量であった。

一二年間勤めた、会社は小規模だったが果敢なベンチャー企業だった。次々に新製品の開発に挑戦して急成長し、ソニーや東芝、松下などの大手企業と競っていた。

卓志はなんども失敗して悪戦苦闘したが、持ち前の前向きな姿勢でやり遂げてきた。学歴や年功ではなく、社員の実力を評価していたので、最後は製造部長に抜擢され、部長になったことで、会社はどういうシステムなのか、運営はどうするのかということもよく理解できた。

この会社が今の自分を育てたのだと思った。東京トランジスタ時代は、まさに卓志の揺籃期だった。

第七章　倒産の危機はある日突然に

最初の仕事は測定器の組み立て

新会社のメンバー一〇人は、納屋に集まって、ビールとさきイカ、ピーナッツだけの簡単な発足会を開いた。皆、新会社への期待や夢が大きく膨らんでいて、陽気で賑やかだった。卓志も嬉しかった。この会社をなんとしても大きな会社に育てて行こうと思った。

一方で、失敗したらどうするんだという不安にも依然としてとらわれていた。自分だけならばともかく、一〇人もの仲間とその家族の運命がかかっている。夜中にふと目を覚ますと、その不安が頭をもたげ、眠れなくなることもあった。卓志はそんな思いをその都度振り払って

「なせば成る」と思ってきた。

メンバーはそれぞれの経験や人脈を辿って仕事を探し、走り始めた。とにかく先立つものは仕事だった。とりあえずは仕事になればなんでもよかった。

最初の仕事は、諏訪にある計測器製造会社からの測定器の組み立てだった。一台一台手作業で機械部品を組み立てて、電装品のハンダ付け、配線、検査をして出荷した。

台数は最初に注文を受けた二〇台と少なかったが、幸いにもまた次の発注があった。一機種多くても三〇台〜五〇台だったが、会社はそれでようやく、動き出した。

やがて、その工賃が新会社の口座に振り込まれ、卓志は預金通帳を開いて見せながら、全員に話した。

「喜んでくれ。記念すべき最初の収入だ。経費を除いて残りを人数で等分するぞ。特に異存はないか？」

「いや〜。嬉しいね。もちろん異存なんかあるはずないよ」

「異議なし」

利益はほとんどないが、飯を喰うぐらいにはなった。卓志は平等に給与を支払うことはその後もずっと続けていた。社長だからといって特別に多く取ることはせず、みんなの協力があってのものだと思っていた。

仕事が少しずつ軌道に乗り始めて、卓志は忙しくなった。

発注元からトラックで部品を運び、工場で組み立て作業もする。完成した製品の検査、梱包を終えてそれをまた納品にいく。工賃の交渉もしなければならない。

その上、不良品が出るとその修正をして、遅れた納期を取り戻さなければならない。四〇～五〇台程度で終わる単発の仕事が多いから、それが終わるまでには、次の仕事を探しておかないとダメだ。会社を空けて外をかけずり回るようになっていた。

会社組織になると、出退勤の管理や経理や失業保険、健康保険などの多くの複雑な事務手続きが必要になる。自分ではとてもやりきれなくなって、経験のある渡辺茂子さんという方を採用した。彼女は複雑な事務をテキパキと手際よく処理してくれて、ようやく卓志は安心して営業に回れるようになった。

その後、切れ目なく次々に受注があり、比較的順調にカウベルの仕事は回りだしていった。

予期せぬ反乱

一年ほどして、カウベルの創業時の発起人の一人が、突然退職を申し出た。家庭の事情だと言い、要領を得ないが、辞めるというものを無理に引き止めなかった。

しばらくして他の三人も退職をすると言い出した。調べてみると、四人で新会社を作って独立することが発覚した。急に退社するだけならまだしも、仲間を引き抜いて新会社を作るというのだ。同じ業務で新会社を作るのだから、競合することになる。しかも出資金の返還を要求された。卓志は悔しさと怒りが込み上げてきて、何日か悶々として眠れぬ夜を過ごした。

そういえばこのところ営業で外を飛び回っていて、工場にいることが少なくなっていたから、そんな気配を汲みとれなかった。ここまで一緒にやってきて、ようやく順調になってきた矢先である。工場の運営方法や技術的な問題の解決方法までほとんどオープンにしていて、彼らは会社創立の様子を学んでいた。しかも仕事もたくさんあると知って、自分たちもやれそうだと思ったのだろう。怒って事を荒立てても得るものは何もないと、黙って要求された出資金を返済することにした。去る者は追わずで前へ進むしかないと思った。

カウベルに春が来た

この頃、家電業界は各社、カセットテープレコーダーや、それにラジオを組み合わせたラジカセの新製品で賑わい出していた。次々に新しい機能を付加した製品は発売されてくる。ラジオはAMに加えてFMやVHFを搭載していた。そしてステレオがブームになった。

その状況の中で、卓志を先頭にみんなで手分けをして、なんとかこれらの量産品の受注をすべく走り回った。量産品でなければ利益は薄く旨味がない。

そういう努力が実って、単発のカーステレオの組み立ての仕事が受注できた。もともと東京トランジスタでやっていたので、カウベルの得意とする仕事だった。工場は一気に活気が出てきた。売り上げもみるみる上がってきた。

その後、東京トランジスタにいた人が、何人かポツポツと訪ねてくるようになり、社員は増えて一五人になっていた。三〇坪の工場ではやりきれなくなった。それで草間氏に頼んで、もっと広い場所を斡旋してもらい、工場を移転した。近所の人たちをパートタイマーとして採用した。テープレコーダーやラジカセの受注は順調で増産が続いた。

やがて移転した工場もすぐに手狭になったため、更に広い場所、佐久市の南にある岩村田町の木造の旧庁舎を借りることにした。これまでの三倍の広さが確保できた。忙しい生産に支障が出ないように、急いでこの新工場に移転した。

その後、静岡の焼津にある会社からカーステレオの組み立てを受注した。福島の会社や東京府中市にある、エイマー電器株式会社からも、次々に発注を受けた。まとまった数量ではあるが二〇〇〜五〇〇台程度の単発の仕事で、長くは継続しない孫請けの仕事である。相手も小規模な会社で、大手からの下請け仕事のため、仕事を切られるとすぐに倒産をする。孫請けの仕事にはつきものだから、注意しなくてはいけない。

カウベルの四トントラックは部品の仕入れや完成品の輸送などで、佐久～山梨～身延～静岡、東京、福島を毎日のように走り回った。未だ高速道路は整備されておらず、長時間の運転を強いられていた。

運転手が病気や都合で休むときは、卓志自らトラックを運転して輸送に駆け回った。普通免許の他に四トントラックの運転免許と自動二輪の免許も持っていたことが役立った。目の回る忙しさであったが、売り上げも利益も急増していた。

カウベルはようやく経営が安定して、企業としてこの地域に根を下ろした。従業員一五人、パートタイマーは四〇人になっていた。会社設立から三年ほどのことだった。

その頃、墨田区両国にある小島電子株式会社（以下、小島電子と記す）という会社から、シャープ株式会社（以下、シャープと記す）のラジカセの組み立ての仕事を受注した。これまでのテープレコーダーは、聞こうと思う曲が録音されているところまでテープを早送りするしかなく、時間がかかって面倒だった。それを解決するためにボタンを押すと、一発でその選曲と再生ができる製品『一発選曲』をシャープが開発し、ヒット商品になっていた。

小島電子は一括して、この仕事を受けて生産しており、カウベルはその孫請けになったのだ。しかも孫請けとしては単価も比較的よく、何より「シャープ」のロゴは心強かった。

毎月継続して七〇〇〇台以上の注文があり、小島電子からの情報で、二か月先の生産も計画的に実施できた。この仕事が二年ほど継続し、カウベルは、よちよち歩きから、ようやく成人し、一人前になったと感じていた。

めまぐるしい戦場のような毎日がようやく一段落し、卓志は安堵していた。これまでの苦労が報われたと思った。

不渡り手形三〇〇〇万をつかまされた！

ある日、小島電子から部品を運んできたトラックの運転手が、搬入口の外に置いてある灰皿の前でタバコを吸っていた。通りかかった卓志は声をかけた。

「ご苦労さん。都内は渋滞して大変だろう。俺も最近忙しくって代わってやれないけど、頑張ってよ」

「坂川さん、今小島電子から帰ってきたばかりですけど、なんだか様子がおかしい、変に静まり返っていつもと違う。荷物を積み終えると、いつもお茶を入れてくれて、無駄話をするんだけど、今日は知らん顔でそっけないんですよ」

　このやりとりに少し引っかかるものを感じたものの、さほど気に留めず、会議室でこの先の生産計画の打ち合わせをし始めた。ちょうど製造と工程管理の担当と一緒だった。生産に合わせてパートタイマーをあらかじめ手配しなくてはならない。準備する資材もそれに合わせるという話を進めていると、工程管理の担当が言った。

「来月の発注計画が小島電子からまだ出てこないんです。何度か発注担当に電話したんですけど、なんだか要領を得ない。どうしましょうか？」

「そうだな、おかしいな。これ以上発注の内示が遅れると、うちで手配する資材が間に合わなくなるぞ」

　卓志はそこまで聞いて、先ほどの運転手の話を思い出し、少し不安になったが、まさかとそれを打ち消した。念のため、小島電子担当の営業社員に様子を聞いた。

「最近、小島電子に行ったか？」

「三日前に顔を出しました」

「何か変じゃなかったか？」

「気のせいかもしれないけれど、なんだかみんな元気がなくて、取り付く島もなかった。早々に帰ってきたんです」

ここにきて卓志は一層、不安が強くなった。そういえば、東京トランジスタの時がそうだったのだ。会社はいつもどおりだったが、みんな元気がなくしらっとしていた。

念のために、取引銀行の担当に電話をしてみた。特に情報はなかった。

翌日出社すると、仕事で付き合いのある墨田区の会社の社長から電話があった。

「坂川さん。小島電子が倒産しましたよ」

「………」

「昨日のことです。うちも少しですが、不渡りを掴まされました。坂川さんのところは大変でしょう。それで急いで電話したんです」

「……ほんとですか！　何かの間違いじゃないですよね」

「小島電子に行ってみなさい。工場は閉鎖してますよ」

それから後のことは所々記憶が飛んでしまっているが、すぐに経理担当渡辺さんを呼んだ。

「小島電子から受け取っている手形の総額と、期日をすぐに調べてくれ」

「今月末期限の三二七〇万円です」

「三二七〇万円か…！」

思った以上に大きな金額に驚いた。カウベルはこの三年ほど、これまでになく経営は順調で、最近の資金の動きに、あまり関心を払っていなかったので、改めてその金額に驚いた。

取引銀行の支店長からも

「小島電子は倒産して取引停止になった」と伝わってきた。もはや疑う余地はない。小島電子は倒産したのだ。なぜだ？　こんなに突然。どうすればいいのか？

このままではカウベルは倒産するしかない。早く対応策を考えて何とかしなければいけない。

社員全員を会議室に集め、小島電子の倒産を告げた。

全員がざわざわと動揺して、互いに顔を見合わせていたが、すぐにシーンとなって卓志を見つめた。

「数日前からおかしな話を聞いていたが、やはり倒産した。カウベルは約三〇〇〇万円の不渡りを掴まされた。とりあえず、みんなに伝えておく。どうしたらいいか？　急いで対応策を考える。今ラインで組み立て中のものは、最後まで組み立てて、それでストップしてくれ。パートさんには明日の朝、私から話をする。全員、明日から自宅待機してもらう」

「三〇〇〇万円は大きいですね。どうなるんですか？」

「今は私にもわからない。すぐに手立てを考える。何か情報があったら教えてくれ。私は急いで小島電子の社長に会って、事情を聞いてくる」

パートタイマー全員には、翌日の朝、ありのままを話した。

「申し訳ないけれど、しばらく自宅待機してください。色々な噂が飛ぶと思いますが、私は必ずなんとかします。どうか惑わされないようにお願いします。みなさんの賃金は、きちんと支払います」

卓志は小島電子の社長に何度も電話し、やっと約束をとりつけた。早朝に車で佐久を出発して、待ち合わせ場所である錦糸町駅前のホテルに向かった。運転しながら色々な思いが頭の中を巡っていた。

どうしてこんなに突然に倒産したのか。ヒット商品を一括でシャープから生産委託されていたではないか。シャープが不渡りを出すはずはない。カウベルはもう倒産しかないのか。一緒にやってきた社員たちの顔が次々と浮かんだ。

ホテルのロビーに入っていくと、小島電子の社長は、無精髭のやつれた顔でソファーに座っていた。卓志の顔を見て、弱々しい薄笑いを浮かべていた。その前に座ると

「一体どうしたんですか。なんでこんなに突然倒産したんですか。話してください」と詰め寄った。

社長は下を向いて、弱々しい声で話した。

「申し訳ない。私にはもうどうしようもない」

「それで済むわけないでしょ。何があったんですか？　少しでも、支払いをしてください。私の会社が潰れます」

「申し訳ない。もうそれだけです。それ以上、何も話せません」

そう言いながら、後ろを振り向いた。少し離れたところで三人の男がこっちを見ている。黒い服を着て一見して剣呑《けんのん》そうな顔をしている。一人の男は黒いサングラスだった。卓志はすぐに判った。監視されている。

「そうなんですよ。坂川さん、勘弁してください。これ以上話せません」

それっきり何を言っても、じっと下を向いたままだんまりだった。

卓志は諦めた。これはもう完全にダメなんだと、血の気が引く思いだった。

佐久では「カウベルは倒産する」という噂があっという間に広がった。その様子が行き交う町の人の雰囲気で、手に取るようにひしひしと伝わってくる。気軽に挨拶をして世間話の一つも交わしていた人たちが、ぎこちない挨拶をするだけでそそくさと去っていく。資本金五〇〇〇万の会社が三〇〇〇万円の不渡り手形をつかまされたのだ。どうしようもない。

倒産の危機

卓志は考えた。このまま倒産か？　この地では初めて所帯を持ち、三人の子どもはここで生まれ育った。学校にたくさんの友達がいる。子どもたちにとっては大事な故郷で、自分たち夫婦にとっても、必死になって働いて、ようやく手にした第二の故郷だ。

倒産して夜逃げをすれば全てを失ってしまう。この会社は何が何でも、倒産させるわけにはいかない。一緒に働いてきた社員とその家族の生活と人生もかかっているのだ。そう簡単に諦めるわけにはいかない。誇りをかけてなんとかしなければ、と思った。

再度、社員を集めて、工場の一角で話をした。

「私はこの会社を何とか必ず再建する。できることはなんでもやる。みんなも協力してほしい。力を合わせれば大丈夫だ。できないと思ったカウベルも創業してここまで来たんだ」

創業からの出資者や社員たち一五人に必死に訴えたが、皆ざわざわとしていた。

「坂川さん、三〇〇〇万円の不渡りどうするんですか？　金額が大きすぎますよ」

「今解散したって会社には大して資産はないから、借金はそのままですよね」

「それは出資者で応分に負担するんですか？」

「当面の外注への支払いはどうします」

さまざまな問題が噴き出していた。

卓志は下腹に力を入れて再び声を出した。

「この会社は、絶対に倒産させない。必ず再建する。昨日銀行の支店長から情報があった。政府の『関連企業倒産防止資金融資制度』というものがあって、条件が揃えばそれが適用されるかもしれないと言ってきた。今調べてもらっている。最大三〇〇〇万円の資金が融資されるという。もちろんそれだけでは足りない。当分仕事がない。その間の運転資金は、やはり三〇〇〇万円は必要だろう。合計六〇〇〇万円になる。これを銀行に融資してもらうしかない。そのために、担保や保証をお願いするかもしれない。そうしなければ、融資は受けられない。

もちろん、私は自分の預金の全てと、自宅も担保に入れる」

誰も協力してくれなくても、卓志は、一人でもなんとかするぞ！　と内心悲壮な覚悟をしていた。

結局、一五人のうち七人の社員が一緒に再建すると申し出てくれたので、嬉しさと感謝があふれた。それ以外の人は出資額を引き上げて退社していったが、残った人の結束は却って固くなった。

銀行はカウベルのために政府の融資資金の申請に奔走してくれた。卓志は自宅や他に購入してあった土地を抵当にし、預金も全額保証金に入れた。他の出資者には融資の保証人になってもらうだけで済んだ。

当面の資金的な危機は、どうにかクリアしたが、カウベルの危機の本番はこれからだった。主力の小島電子の仕事が全てなくなってしまったのだ。その他の仕事も倒産の噂を聞き、引き上げられてしまっていた。また色々な備品、治工具を発注していた外注先は連日電話してきた。カウベルを再建するために、彼らの協力は欠かせない。信頼を失ったらおしまいだ。

「ご心配をおかけします。支払いは問題ありません。全額きっちりとお支払いします。今後もよろしくお願いします」と話し、全ての外注への支払いをするよう指示した。

その一方で社員を集めて、

「申し訳ないがなんとかなるまで、これまでの給料の支払いを待ってくれ。建て直しができるまで貸してほしい」と話した。みんなその覚悟をしていて異論は出なかった。仕事が全くない。そのまま給料を払い続けるわけにはいかない。

経理の渡辺さんは、社員は解雇して失業保険を申請するなど、いろいろな手立てを講じてくれた。

パートタイマーには再度「会社は必ず再建するから待ってくれ」と説得して、自宅で待機するようにお願いした。しかし、いつまでも続けられるわけはない。

蛇《じゃ》の道は蛇《へび》

当面は凌いだが、仕事がないというのは大変だった。なんとか早く、仕事を探してこなくてはいけない、何か月持ちこたえられるか、我慢できるかであった。

そうこうしていると、ある日、電話がきた。

「坂川さん、小島電子の再建に関わっている戸越と言います。話があるのでお伺いします」という。

いやに落ち着いた、ドスの利いた声だった。卓志はくるべきものがきたな、と思った。電話の男は黒いベンツに乗ってやって来た。当たりは柔らかいが、少し崩れた表情で荒んだ雰囲気のある五〇歳前後の男だった。ちょび髭を生やしていた。

「小島電子の債権処理をしている。あなたのところにある『一発選曲』の部品の在庫を引き渡してくれ。他の全ての資産と一緒に処分して、債権者に再配分だ」

卓志は力を込めて答えた。

「カウベルは三〇〇〇万円もの不渡りを掴まされている。社員に支払う給料もない。少しでも現金を払ってください。そうでなければ、部品は渡せません」

「あなた、会社の破産法をご存知ない？　破産した会社の全ての資産は管財人が管理して、現金化して債権者に比例配分することになってるんだよ」

「今まで納入した製品の代金が三〇〇〇万円、全く払ってもらえてない。カウベルは最大の債権者でしょう」

「そうはいってもね。法で決まっていることですからね。引き渡してもらうよ」

押し問答になった。確かに破産法によれば、倒産した会社は、裁判所が指名した管財人の管理下に置かれて、その管財人の元で債権を全て集計し、一方で会社の不動産・建物・現金・在庫製品・資材の全てを売却し現金化して、それを債権者に比例配分をすることになっている。

カウベルの持っている部品の所有権は小島電子のものだ。しかし部品は売却しても二束三文の価値しかない。部品は完成品にまで組み立てて、初めて価値を発揮するのだ。

カウベルが債権者として受け取る金額は債務超過ならば一円にもならないだろう。

「金を払ってもらうまでは引き渡せません」と卓志は繰り返し答えた。

「物の道理がわからない人だな。どうなっても知らんぞ」

男は捨て台詞を吐いて、引き上げて行った。

部品が差し押さえされるかもしれない。強引に奪われる恐れもある。今はこれにしか縋《すが》るものがないんだと思っていたが、あの戸越という男の物言いや雰囲気はどう見ても堅気ではない。何をされるか分からない。

工場の倉庫に置いておくのは危ない。どこか部品を隠す場所がないかと思いあぐねていると、事情を聞いた経理の渡辺さんが、

「坂川さん、私の実家の物置を貸します。使ってください。広いから大丈夫です」と申し出てくれた。彼女の実家は佐久の山奥にあるという。卓志はすぐに社員を集めて、

「会社にある部品が、奪われるかもしれない。差し押さえられても困る。急いで、借りた物置

に隠すから手伝ってくれ」と話した。みんなで協力して倉庫にある二〇〇〇台分の部品や梱包材をトラックに積んで、その日のうちにそこへ運び込んだ。

数日して戸越は別の男を伴って二人でやって来た。連れ添ってきた男は、黒ずくめの服で、すらりと背の高い優男だった。何も話さずタバコを吸っている。ひやりとするような陰惨な空気を漂わせていた。

「部品の所有権は小島電子にあるんですよ。それを管財人に渡さなければ違法になるんですよ。それで、いいんですか?」と戸越は恫喝《どうかつ》する。

「お金を払っていただければすぐにでも渡します。給料が支払えないんです」と卓志は繰り返した。頑張るしかなかった。

また数日後にもやって来た。何度来ても互いに同じことを繰り返すだけだった。

さらに数日後、今度は中年の女がやって来た。パーマの髪が少し濡れているように光っている。茶色の縁の大きなメガネをして、白いニットのカーディガンを着ていた。事務所内に、香水の匂いが広がった。ハンカチで時々口を押さえながら流し目で、卓志の顔をチラチラと見た。

あれこれと雑談をして、

「私の方も被害を受けて困ってるんです。管財人に早く処理をしてもらって、少しでも金をもらわないと、どうしようもないんです。いじめないでください。お願いします」とハンカチで涙をぬぐいながら懇願する。

「お金を払っていただければすぐにでも渡します。社員の給料が支払えないんです」と拒否するしかない。長時間粘って帰って行った。同じことの繰り返しだ。

しかし、それを最後にとうとうやってこなくなった。電話もかかってこない。半月ほど様子を見て、ようやく大丈夫かなとホッとした。

さて、あの部品をどうしようか？　二〇〇〇台分ある。完成品の定価は三万二〇〇〇円だった。「そうだ、あれを組み立てて売ればいい」と思いついた。

「尻に火がついて来ている。少しでも現金収入になれば助かる。部品は小島電子の所有物で、製品はシャープのものだろう。しかし、カウベルでは三〇〇〇万円もの組み立て費を払ってもらってない。これを担保にもらっても、何もおかしくないのでは」と思った。

しかし、それを完成品にして売りさばいても大丈夫か、いくら考えても皆目分からなかった。ちょうど目の前に佐久の税務署がある。そこの所長は多少顔見知りでもあった。藁をも掴む思いで相談に行った。所長室の応接に通された。所長にこれまでの経緯を詳しく説明した。もうすでに噂で事情を知っているようだった。

「そんなわけで、今私のところにある部品を組み立て完成品にして、売りたいと思っているんですが、どうなんでしょう？」

「う〜ん坂川さん、その製品のブランドはカウベルじゃないですよね。シャープのブランドですね。…それでは難しいです。売ったら商標法違反ですぐに手が後ろに回りますよ」

そうかダメかとがっかりしていると、所長は立ち上がって給湯器で急須にお湯を注ぎ、お茶を勧めてくれた。

「私は最近、カセットレコーダーを買いましたよ。息子が秋葉原で買ってきてくれたんです。これが安いんですよ。私は伊東ゆかりが大好きなんです。『小指の思い出は』いいですね」

という。そしてくだけた調子で卓志に話した。

「いいですか、これは互いの立場を忘れて話します。その手の商品は二、三人の手を通すと分からなくなっちゃうんですよ。大手電機メーカーの格安の商品は、秋葉原に行けば、いくらでも売ってますよ」とボソッとつぶやいた。

会社に戻って色々と調べてみると、この手の格安商品はその筋が扱って仲介をしているらしく、定価の一〇分の一程度で転売されていると言う。仲介相手に心当たりもなんの手がかりもない。危険もあるだろう。が、このままでは、カウベルは倒産するしかない。とにかく、やってみるしかないと考えた。

秋葉原と新宿歌舞伎町

さっそく社員を集めて話をした。「これを完成品にして、売ろうと思う。そのまま売ると、商標法に触れて手が回るらしいが、秋葉原で、ある筋を介して売れば大丈夫かもしれない。私が売りに行く。とりあえず一〇〇〇台組み立てて完成品にしてほしい」

秋葉原

自宅待機させているパートタイマーに出社してもらい、組み立てる必要があった。社員みんなに手分けして電話で連絡してもらった結果、数人を除いてほとんどが出社してくれた。

半月以上かかり、一〇〇〇台の製品が完成した。それを全て、幌付きのトラックの荷台に積み込み、社員三人を同行させて、早朝に佐久を出発した。どこへ持っていけばいいのか、誰と交渉をすればいいのか、全く当てはなかった。とにかく秋葉原に行って、あたってみようと悲壮な覚悟をしていた。

東京の道路は混雑して渋滞していた。迷いながらも、ようやく秋葉原の電気街にたどり着き、目の前にあった七階建ての大きな電気店の横の路地にトラックを止めた。

「ここで待っていてくれ」と言ってそのビルに飛び込んだ。

売り場の店員に、この店のマネジャーに会いたいと話した。やがて洒落た服装をして髪をテカテカと光らせた、蝶ネクタイの背の高い男が出て来た。

「シャープの『一発選曲』一〇〇〇台持って来ている。買い取ってもらえますか？」

「そうですか。ちょっと見せてください」

とトラックのところに来て、荷台にある製品を確認した。

「新品ですね。急ぎますか？」

「急いでいます。いくらで買ってもらえるんでしょうか？」

「う～ん、そうですね。とりあえずビルの地下に倉庫があるので、そこに降ろしてください」

「まだ何も決まっていないのに、そんなことできませんよ。買ってくれるんですか？」

「あのー、私が買うんじゃないんですよ。色々あってね」

「急いでいるんです。買ってもらえないならば、他をあたります」

「ちょっと、ここで暫く待っててもらえますか？」

と言ってビルの中に消えてしまった。

ずいぶん時間が過ぎてから、黒塗りのキャデラックが表通りから路地に入って来てトラックの横に止まった。運転していた黒服の男が、

「話は聞いた。これに乗って一緒に新宿まで来てくれ」

社員たちを残して、卓志は一人そのキャデラックの助手席に乗った。三人のとても不安そうな顔に見送られた。

大都会の渋滞の中を抜けて小一時間、連れてこられたのは、ネオンやきらびやかな看板が乱立する、歌舞伎町のど真ん中だった。

「俺はここでブスッとやられ、製品は取られてしまうのか」という考えが頭をよぎった。細長い雑居ビルの最上階で降り、案内の運転手は「駐車場で待っている」と言ってすぐに降りて行った。

恐る恐る中に入ると、スチールの事務机と電話が一つあるだけで、机の前に黒服の男が座っ

ていた。

　男の手を見ると左の小指がない。男はリラックスして世間話を始めた。

「信州は今年は寒いでしょう、景色の良いところですね」

「巨人は今年はダメですね、私は阪神のファンです、大阪出身ですから」

「ところで、向こうまではもう高速はできましたか？　そうですか、まだ未完成、それじゃあ時間がかかりますね」といつまで経っても肝心の話に触れてこず、青い煙を天井にふかしている。卓志は適当に相槌を打ちながらジリジリとし始め、

「あの～、製品は買ってもらえるんですか」と思わず聞いた。

　男はニヤニヤしながら、

「坂川さん、まあそう慌てないでください。買いますよ」と言う。

「いくらで買ってもらえるんでしょうか」

「う～ん、『一発選曲』ね。良い商品ですね。でもそう期待はしないでください」

「いくらでしょう？」

「そうですね…。二〇〇〇円でどうですか？」

卓志は驚いた。定価三万二〇〇〇円の商品だ。

「いや〜　いくら何でも安過ぎます」

「でも急いでいるんでしょ。バッタもんはそんなものです」

「もう少しなんとかしてください」

「秋葉原には秋葉原価格ってものがあるんですよ。そう欲張るとダメですよ」

「うちも大変なんです。欲張っているわけじゃありません」

「う〜ん…それじゃあどうですか、あなたの会社にはまだ一〇〇〇台はあるでしょ。それも私のところに持って来てください。それを約束してくれたら三〇〇〇円で買いましょう。どうですか？」

卓志は驚いた。そもそも男がこちらの事情のすべてを知っていることに驚かされた。でも三〇〇〇円なら今回で三〇〇万、残りの一〇〇〇台で三〇〇万、全部で六〇〇万円になり、当座の給料が払える。

「それでお願いします」

「そうですか。物分かりのいい人ですね」

男はそう言うと、おもむろに後ろの金庫を開けて、帯封をした一万円札三束を無造作に、ぽんと机に置いた。卓志はなぜか慌ててそれを掴むと、急いでバッグに投げ入れてチャックを閉めた。はたからも分かるほど、はっきりと心臓の鼓動が聞こえていた。それで取引は終わった。

「坂川さん、後からのものを、もっと高く売ろうなんてダメですよ。秋葉原の情報は筒抜けですよ」男は下から伺うように卓志の顔を見た。

「大手メーカーだって自社製品を、私のところにいくらでも持ち込んで来ますよ。売れ残りの商品ばかりではないんです。新製品もすぐに持ち込んで来ます。数億でも、ここでは現金で支払うんですよ」

カウベルにとってこの三〇〇万円は本当に助かった。当面の資金繰りはこれでなんとかなり、倒産は免れた。それから残りの一〇〇〇台を一〇日ほどで組み立てて、同じ秋葉原の電気店に運んだ。

今度は事情もわかっているので、スムーズに事は運んだ。
ちなみに秋葉原電気店での売価は一万円だった。

上野・不忍池で一夜を明かす

この合計六〇〇万円弱で、カウベルはなんとか目先の倒産の危機は免れたのだった。しかし、これだけでは焼け石に水だ。かろうじて当面の倒産は免れたものの、このまま仕事がないといずれまたすぐに危機がくる。早く新しい仕事を見つけなければならない。

卓志は心当たりを片端から営業に走り回った。東京トランジスタ時代のコネを尋ねて東京に何度も足を運んだ。両国や三鷹などの関係があった会社や心当たりの会社を車で巡って回ったが、おいそれとは仕事は見つからない。手作業の一品ものは何件かあったが、創業時ならともかく、今のカウベルは大所帯だからどうしようもない。ある程度の量産品が欲しいと、毎日のように東京を車で走り回っていた。

不忍池

ある日の夜、上野の不忍池付近に来ると自動車もまばらになっていた。広い路側がある。そこに車を止めて一休みをした。中華屋で食事をして軽くビールを飲んだ。酔いを覚まそうとゆっくりしたせいで遅くなってしまった。夜の一一時すぎになっていた。

「きょうも一日かけずり回ったが、手がかり一つなかった。もうダメか」という不安が、時折頭をかすめる。暗い気分だった。疲れ切っていたが金もあまりない。泊まる宿代も勿体ない。ここで泊まればいいやと思って、シートを倒して寝てしまった。熟睡していた。

コン、コンと窓を叩く音で目が覚めた。ライトで照らされて眩しい。朦朧《もうろう》とした目で外を見ると警察官がのぞいている。腕時計を見ると午前二時ごろだった。

「職務質問です。ちょっと降りて、話を聞かせてください」

事情をあれこれ聞かれて、ありのままに話をした。気の毒だと思ったのか、

「まあ〜、そう言う事でしたら結構ですけれど、ここは危ないですよ。よく事件があります。気をつけてください。身ぐるみ剥がされますよ」と親切に教えてもらったが、とてもやるせなかった。

その後、営業の成果が少しあった。数量が少なく単発だったが、ラジカセやカーステレオの注文がいくつか取れた。それでどうにか会社を回すことができていたが、大した利益は出ない。これではいつまでたっても六〇〇〇万円もの借金は返せない。ジリ貧だ。

卓志は色々思いを巡らせていた。

カウベルはこの三年間、小島電子の『一発選曲』に頼りすぎていたと思った。実に売り上げの八割を占めていた。順調に利益も出ており、社員にもボーナスを払えるようになっていたが、

その小島電子が全く突然に倒産して、初めてその危険性に気づいた。なんとか当面の資金繰りはつけたが、普通ならとっくに倒産している。

小島電子がどうして突然倒産することになったのか、全くわからなかったし、社長もその理由を語らなかった。語れなかったのだろう。

思い返せば、『一発選曲』は三年ほどに亘って月産二〇〇〇台ほどで、安定して受注していた。納品は一〇〇〇台単位で4トントラックで定期的に納品をしていたが、二か月ほど前からしきりに納品をせかされていた。

「二〇〇台～三〇〇台でも完成品があればすぐに納品してほしい」と連絡が来ていた。それが兆候だったのだろう。売れ行きが良くてシャープからせかされているのかな、と思っていたがそうではなかったのだ。それどころか、小島電子は資金繰りに窮していたのだった。下請けや孫請けの企業には、こういうことがつきものだった。

卓志はいくつもそんな会社を見てきたはずなのに、なぜそれに気付かなかったのか、迂闊だったと反省していた。

第八章　カウベル再生への道

飛び込みでチャンスをつかむ

カウベルは小島電子の仕事に依存しすぎていたが、今更悔やんでもしょうがない。過ぎ去ったことだ。まずは当面の仕事を探すことだ。依然として六〇〇〇万の借金が重くのしかかってくる。

相変わらず仕事を探しに車で東京に通っていたが、ある日、「通りがかりにあるシチズン時計株式会社（以下、シチズンと記す）の主力関連会社と聞いていた御代田《みよた》精密《せいみつ》株式会社（以下、御代田精密と記す）を当たってみよう」と思いついた。いきなり飛び込んでも、どうにもならないだろうと思いつつ、とにかく行ってみようと決めた。大手企業では約束なく訪問してもほとんど門前払いになる。

ダメでもともとだった。すぐに車のハンドルを切って、その大きな工場の中に入って行った。受付で名刺を渡して、

「佐久の（株）カウベルエンジニアリングですが、責任者の方にお会いしたい。約束はしていませんが、ちょっとだけでも結構です。お会いできたら嬉しいのですが」

「五分ほどしか、時間が取れませんが、それでよろしければお会いしますと言っております」

「それで結構です。よろしくお願いします」

待合室で待っていると、背の高い好男子で恰幅の良い少し年上とみられる人物がやってきた。

「製造部長の大矢と言います。佐久のカウベルさんのことは聞き及んでいます。今日は時間がなくて申し訳ありません」

「お忙しいところ、ありがとうございます。ラジカセやカーステレオなどをやっています。色々あって今ちょっと大変なのです。何か私の会社でお役に立てるようなことがあったらと、

お約束もないのにお願いにあがったのです。量産品の組み立ての実績があって、それなりにお役に立てると思います」

「そうですか。うちもこのところ色々新製品が多くて、今忙しいんです。いい機会です、新製品のラインをちょっとだけお見せします」

案内されたラインには、一五人ほどの工員が双眼鏡で細かい作業をしていた。

「何かあったら一度声をおかけください。突然飛び込みで失礼しました。ありがとうございました」と卓志は丁寧にお礼を言って帰った。二〇分ほどの会話とラインの見学だったが、その部長の対応は誠実で好感が持てた。

門前払いをされるかと思ったのに、面会と、新製品のライン見学をさせてくれた。大きな会社ではよくある居丈高《いけだか》なところは全くなかった。

一〇日ほどしてその御代田精密から電話があった。

「この前お会いした御代田精密の大矢です。一度会社に来てもらえるでしょうか、ちょっと相談があります」

「わかりました。これからすぐに、そちらに向かいます」

思わぬ電話に胸が弾んだ。三〇分の近さだ。すぐに車で駆けつけた。

御代田精密は、日本ビクター株式会社（以下、ビクターと記す）と提携して、小型ビデオカメラ用のビューファインダーの開発をしており、量産試作を始めているが、本業の時計の生産も忙しくて大変だと言う。この前見せてもらったのは、その試作ラインだという。

「坂川さん、今うちの会社は腕時計の増産で、手が回らなくて困ってます。一度坂川さんのところで、このビューファインダーの試作をやってみませんか？」

「是非やらせてください。うちも、こう言う細かい製品の量産の経験はあります」

そう答えたものの、これまでよりもっと細かい作業だった。設備・治工具・測定機などの準備は、カウベルではすぐにはできない。それにいきなりやって、うまくいかないと問題になる。

大矢部長は「カウベルの人に御代田精密の工場に来てもらって、試作をしてみたらどうか」と提案してくれた。それなら比較的短期間で始められる。

携帯用の小型のビデオカメラは、これからの新製品だ。そこに搭載するビューファインダーはモジュールになっており、他社製品にも搭載ができるものだった。そうなれば生産数量はもっと多くなるはずであった。

しかもビクターとシチズン系の御代田精密が、技術提携をして開発したものだ。これは絶対にうまくやるぞ、と決意していた。

卓志は最も信頼している一六人（係長とパートタイマー）を選んで、この御代田精密の携帯用小型ビデオカメラの試作工場に送り込み、指導を受けながら、量産試作を始めた。

初めての製品の作業は、やはり大変だったが、卓志は経験と実力をもって先頭に立ち、生産を進めていった。

量産試作は順調に進み、御代田精密は試作品の耐久試験や特性試験を行った。

二か月ほどしてから、大矢部長は

「坂川さん、カウベルさんにやってもらって、生産は順調になりました。うちでやっていた時よりかなり結果は良いです。これから本格的な量産が始まります。カウベルさんの工場で量産の準備をして、この生産をやってください」と言った。ついにカウベルにチャンスはやってきたと感じ、卓志の目の前はいっぺんに明るくなった。

余談になるが、筆者はシチズン本社勤務の折、出張で御代田精密を訪れたことがある。何かいつもと違うラインのグループがいたことをよく覚えており、「えー！あれは坂川さんのところだったの？」と驚き、妙な縁を感じずにはいられなかった。

そこからは、ビューファインダーの量産準備で忙しくなった。御代田精密から一部の設備を借用し、新規に専用のラインを作り、空調も新たに設置、社員全員でその準備に取り掛かった。

このビューファインダーは他社の機種にも採用されると、多くの数量の生産が見込まれる上に、これから急成長する先端の製品だ。

これまで、ラジカセやステレオは電気メーカー製品の下請け、孫請けであり、一つのモデルの寿命は短く数量も限られていた。このビューファインダーはそれらとは違っている。受注数量は順調に増え、合理化機械や設備を設計してラインに導入していった。生産量が大幅に増えて、ラインの合理化が進み、カウベルの利益は次第に大きくなっていった。見違えるように社内には活気がみなぎっていった。

ここで不良を出して信頼を失ってはいけないと、卓志は手綱を引き締めていた。徹底した作業の管理と品質チェックをした。単なる下請けで指示されたように作るだけではなく、その技術を学び、それを改良して品質や効率の向上を目指した。治工具や検査機を独自に製造してさらにそれを改良した。その努力が御代田精密の信頼を獲得した。

このビューファインダーは、携帯ビデオカメラの急速な普及とともに驚くほど生産量も増えていった。ビクター以外の製品にも搭載され、さらに生産量も増加していた。カウベルの経営は安定し、その後の経営基盤を作ることができた。

これがカウベルの画期的な転機になった。

ビデオカメラ用ビューファインダーの受注

一連の出来事から、卓志は他社に先んじて新製品の開発をするのがいかに重要かを学んでいた。単なる下請け、孫請けではダメなのだ。卓志がふと思いついて御代田精密に営業に飛び込んだことが転機になり、このビューファインダーの生産でカウベルは倒産の危機から完全に脱出したのだ。

なんでも尻込みせずにやってみることが大事だ、と改めて噛み締めていた。人生の成否は、案外そんな些細なことに左右されていくのかもしれない。

「チャンスは寝て待て」というがそうではない。「チャンスは練って待て」だ。なすべきことを誠実にやって、コツコツと努力して実力を養っていく。

そういう人は目の前に来たチャンスを掴めるのだ。チャンスが来てから学ぶのでは間に合わない。普段から努力して実力を蓄えるのがチャンスを掴むコツなのだ。

このビューファインダーはビクターのビデオカメラに搭載されて商品化され、受注は順調に継続していた。

やがて、御代田精密から新型の大型ビューファインダーの生産を打診された。御代田精密がソニーや松下電器と提携開発して、その製造を一手に受注をしたものだった。

御代田精密は、このビューファインダーの生産のほとんどを一括して、カウベルに委託発注した。これも時代の最先端を行く製品だった。

東京トランジスタ時代にマイクロテレビで、ブラウン管とその制御回路を扱った経験が役に立ち、カウベルでは安定した生産を続けていた。

しばらくして、肩に担ぐ大型ビデオカメラ用の、ビューファインダーの生産も始まった。その頃からカウベルの経営は見違えるほどに好調になって、売上げも利益も大幅に伸びていった。カウベルは単なる孫請けや下請けから脱皮をしたのだ。

確かな技術力と品質の信頼性、問題解決力の高さなどが、経営の成功と伸展の原動力になっていた。

第九章　自立した会社への改革

システム事業部の新設

卓志はその先のことも考え始めていた。会社の規模も以前とは比較にならないほどに大きくなり、時代の変化と、技術はどんどん革新している。ちょっと油断をすると、すぐに時代に乗り遅れ、取り残されて、倒産の憂き目を見るのだ。

カウベルは御代田精密の関連会社として急成長して、経営は順風満帆、資金的な余裕もある。今こそ新たな技術を取り込み、画期的な製品開発をしなければならない、開発部門を作り、将来に備えて優秀な技術者も採用しなければならないと思った。

しかしながら優秀な大卒を採用するのは難しかった。ほとんどの人は安定した官公庁か、よく知られた一流企業を希望する。新規採用者が一人前に仕事をこなせるようになるまでに、五年～一〇年はかかり、その間の人件費は莫大だ。

大手企業では適性がない人を吸収する部門もあるが、そんなことは中小企業では不可能に近いのだ。

また、学歴を見ただけでは、その人の実際の能力はわからない。学校ではこれまでの先人たちが探求し確立した知識を学ぶから、一流大卒は秀でたものを持っているのだろうが、その学歴をただ特権的な立場を獲得するためだけに利用をする人が、如何に多いことか。

時代は大きく変化していた。ありとあらゆるものが、コンピューターでコントロールされる変革期になった。パソコンが普及して、デジタル化の波が押し寄せていた。

インターネットも急成長していた。

カウベルもこの時代に適応していかなければ未来はない、どうすればいいのか、卓志は苦悩していた。

当時、卓志の長男の和志は、沖電気工業株式会社（以下、沖電気と記す）に勤務していた。電電公社の電話交換機の製造からスタートして大手電気通信会社になった日本のトップ企業の一つである。

銀行の現金自動預け払い機をはじめとする金融システム機器・営業窓口システム端末機器・航空機や新幹線発券システム機器ほか、各種の通信システム開発を扱っていた。

和志は入社以来システム開発を担当しており、その実績を活かして、カウベルでシステム開発をしてもらうには、うってつけの人材だった。いずれ会社を継いで欲しいとも思っていた。

ある時「カウベルに来て俺の後を継いでもらえないか？」と話したところ、

「工場で物づくりをする、お父さんの仕事は大変で、僕は嫌だ」という。

何度か話したがなかなか首を縦に振らない。カウベル創業時の苦労や、不渡りで倒産寸前にまで陥った時のこと、不良品が出れば真夜中になるまで会社で選別、修正をしていた時のことをよく覚えていて、物づくりは大変だと感じ取っていたのだ。

「お前が来てくれるのなら、カウベルにシステム事業部門を作る。工場は当分は私がやるから」と話してみると、その条件ならば可能性がありそうだった。

「お前がその気ならば、カウベルはシステム開発を手がけようと思う。一人でやるのは大変だ。実力のある人を四人連れてきて欲しい。沖電気での年収は俺が保証をする」と宣言した。和志は一年かけて四人のリストを提示してきた。

ソフトウエア開発で実績のあるエンジニアたちであった。

卓志はその一人一人とカウベル本社で面談した。すでに結婚して子どもがいる人もいた。彼らに来てもらうには、沖電気以上の年収を約束しなければと、彼らに前年の源泉徴収票を持ってきてもらった。

中小企業では考えられない額であったが、この先行投資をしなければカウベルの未来はないと、卓志は彼らにそれ以上の年収を確約した。

当時カウベルは、小型ビデオカメラ用のビューファインダーの生産が順調で、プロ仕様の大型ビデオカメラのビューファインダーの生産も始まっていた。さらに携帯電話用の超小型カメラの開発と試作も始まり、目が回るほど忙しかった。

経営が順調で忙しい今こそ、先を見据えた先行投資をするべき時だと卓志は常に考えていた。和志が選んだエンジニアたちを一人一人を説得するのに更に一年はかかったが、最終的には彼ら四人を迎えてカウベルにシステム事業部を新設できた。和志を室長にして総勢五人の陣容だった。カウベルの未来を託す開発をここに預けようと思った。

一石四鳥

期待を担ってシステム事業部は発足したが、仕事がなかなか見つからない。佐久には工場団地があり、大手企業の関連会社があったが、自ら新たなシステムを開発するという仕事はほとんどなかった。

このままでは親会社から与えられたシステムを運用しているだけだった。もちろん昔ながらの地場のニーズもなかった。営業を数々したが、いずれも不発だった。

何よりその力を発揮したいと思っていたシステム事業部のメンバーは、手持ち無沙汰で不本意な思いだった。いくつかの仕事を見つけてはきたが、前職で日夜残業をしてまでやっていた仕事のような高度なものではなく、ごく簡単な仕事であった。

卓志はこのままではいけないと思っていた。

その頃、長女由里子は短大を卒業して、日本システムウエア株式会社（以下、日本システムウエアと記す）の資材部に勤務していた。娘がお世話になるお礼として毎年秋に、上司あてに信州林檎を送り、東京に出た時は挨拶していた。色々話を聞くと、今は仕事が山積みで技術者が足りなくて困っているという。

ちょうどコンピュータによる制御システムが急成長をしている時期で、システム設計やプログラミングの仕事がいくらでもあり、その技術者が不足をしている時期であった。

日本システムウエアでも状況は同じであった。その話を聞いて卓志は、カウベルのシステム開発部のメンバー全員をこの会社に派遣して、システム開発をやらせることはできないかと思いついた。メンバーは皆働き盛りであり、このまま仕事がないと士気が落ちてしまい、カウベルの経済的負担も大きい。叶うものならしばらく派遣し、ここで仕事をさせてもらった方が彼らのためにも会社のためにも良いと考えたのだ。

そう考えついて、その上司を通して会社に打診してもらった。カウベルのメンバーの経歴とその仕事の内容を見て、日本システムウエアは派遣社員として受け入れることを了承してくれた。

五人のメンバーは、渋谷の本社に派遣社員として勤務することになった。

彼らはあちこちのシステム開発のグループにそれぞれ配属されて仕事をした。一年ほどすると、カウベルのメンバーは実力があり、かなり難しい仕事もこなせるということがわかって、メンバー五人でまとまって一つのシステム開発を請け負うようになった。

この間の五人にはカウベルから給料と出張費を支給していた。

日本システムウエアは派遣社員の給料としてカウベルに支払ってくれたが、そのプログラマーの給料は、カウベルの三倍の額であった。さまざまな経費を差し引いても、大きな利益になった。

この派遣はカウベルのメリットがとても大きいものであった。

第一は社員が仕事を通じてその技術力の向上を図れたこと。第二はカウベルの会社が大きな収入を得られたこと。第三にはソフト開発の人件費や仕事の見積もりの相場を知ることができたこと。更には日本システムウエアから「カウベルさんにはまとまって高度な仕事をやってもらっていますが、別にここに来なくても信州でやったらいかがですか？　今後も仕事は、お願いします」と提案されたことだった。

これは願っても無いことだった。カウベルのシステム事業部はこれで本当の意味で、発足できる。これは一石二鳥どころか、一石四鳥だった。

以後カウベルのシステム事業部は、日本システムウエアの仕事を次々に受注して忙しくなった。

そのシステムを開発すると、それに付随する新しい機器の必要性を先々知ることができる。それを設計開発して製品を販売につなげることもできるようになった。システム事業部は次第に軌道に乗ってきた。

カウベルはその頃にようやく、念願の技術系の新卒の採用を始めた。彼らを時間をかけてO

ＪＴ教育をする環境ができ、それを支える仕事と経済力を持つに至ったのだ。

こうしてカウベルは、独立した高い技術力を持つ、優良企業になっていった。

会社の経営は人材を育て、新製品を開発することが最も重要だとよく語られるが、実際には「言うは易く行うは難し」である。

卓志はそれを見事に成し遂げたのだった。

携帯電話用カメラモジュールの受注と生産

その後のカウベルはさらに御代田精密とタイアップして、技術革新の先端を走っていく。特筆すべきは、シャープが開発した世界初のカメラ付き携帯電話Ｊ－Ｐｈｏｎｅ用の超小型カメラモジュールの生産を、御代田精密から受注をしたことだった。これはシステム事業部の初めての大きな成果になった。

卓志もこれを積極的に支援した。世界初の商品は、ヒットすれば爆発的に売れて、大きな成果を生み出すことを、よく知っていたのだ。

ゴミを嫌う映像機器の生産は、これまでのビューファインダーの延長であり、クリーンルームなどの設備や技術もカウベルにはあった。何度もの試作開発を終えて、その生産をカウベルが受注し量産を開始した。発売したJ－Ｐｈｏｎｅは爆発的に普及して、これまでの携帯電話を駆逐《くちく》して日を追って生産量は急増した。カウベルの本社工場は手いっぱいになって追いつかなくなり、新工場を建設した。ＮＥＣ（日本電気株式会社）の携帯にもそのカメラが搭載されることになり、さらに受注は急増した。

最盛期は月産一〇〇万個になる勢いであった。社員一二〇名に加えて、派遣社員・パートタイマー二五〇名を採用して、工場は三交代の、二四時間フル操業であった。

バスを仕立てて、派遣社員等の送迎を行った。

オンリーワンの新製品の爆発力は想像以上であり、その後世界中の携帯電話に、カメラを搭載するのが標準機能にまでなった。その源流に当たる携帯用カメラのモジュールを、カウベルは生産していたのだ。開発費や工場建設費、設備費用を回収して大きな利益を生み出した。

この生産をするにあたって、カウベルではこれまでやっていなかった半導体の製造工程へ業務を展開できたことが大きかった。

半導体のシリコンウエハーを、ダイヤモンドカッターで切断するダイシング、その半導体を基盤に樹脂や銀ペーストで固定するダイマウント、そして金線で自動配線をする、ワイヤ・ボンディングなどへ業務の拡大ができたのだ。

この携帯電話用カメラモジュールの生産は、四年ほどで急速に減少した。大手各社は人件費の安い中国へ進出して、その生産を移転したからだ。

次に小諸のルネサスエレクトロニクス（株）から携帯電話用の半導体の加工を受注し、新工場で生産することになった。ルネサスの小諸の工場は、株式会社村田製作所に譲渡されたが、カウベルは継続して受注生産をしていた。

しかしそのＩＣはいわゆるガラパゴス携帯用だったので、スマートフォンが普及にするにつれて生産量が急速に減少し、その仕事はなくなってしまった。

技術の革新は目まぐるしく、フル操業で生産していた製品も数年でなくなる好事例であった。

カウベルがこのような単品生産に依存する体制であったならば、とうの昔に企業寿命は尽きていただろう。

さらなる前進

それから、御代田精密は大手の電子機器メーカーのオムロン株式会社（以下、オムロンと記す）と技術提携をして、磁気カードのリーダーライターの開発を始めていた。御代田精密から委託され、カウベルのシステム事業部が、その開発をすることになった。

オムロンの開発担当者は、御代田精密に頻繁に出張して開発を指導していた。御代田精密は、カウベルの技術者の力に頼っていた。なんども試作して改良して、開発は行われたが、なかなか製品化にはならなかった。

カウベルの負担は大きかったが、卓志はこの開発を積極的に続けさせた。システム事業部の技術者には「何年かかっても良い、どんどん積極的にやれ」と指示していた。

幸いカウベルは、経営が安定していて、それを支える経済力があった。すぐには利益に結びつかなくても、その開発で新しい技術を学べるし、それを担当した人は力をつけ育っていく。それが会社の宝なのだと卓志は思っていた。

しかし完成した製品の受注は、思ったほど数量が伸びなかった。

しばらくして、日本最大の鍵のメーカーである美和ロック株式会社（以下、美和ロックと記す）からカードキーの共同開発の打診があった。これまでの美和ロックは、リーダーライターをオムロンから購入しカードキーを生産していたが、購入単価が割高で機能も不満足なものであった。これを自社開発して高性能なものにしてコストを下げようとしていたのだ。

美和ロックはご存じのとおり、鍵専門のトップメーカーである。

カウベルにとっては今までにない新製品の開発であり、蓄えた高い技術力が評価されるという、理想的な展開であった。競合製品がないオンリーワン製品の成功の見返りを、卓志は直感的に感じていた。

しかも開発主体は実質的にカウベルといっても良い。卓志はこの美和ロックの新製品の開発を陣頭指揮し、社員にも全力で取り組むように指示した。

このカードキーが実現すれば何百室もあるホテルのキーを、全てこのカードキーに置き換えることができる。キーの電子情報をフロントで全て把握して、一括管理するシステム化への道が拓けてくる。全国のホテルのキーをこれに置き換えればその需要は計り知れない。

磁気カードへの変換ができると、いずれその先には非接触カード化が待っているだろう。開発は粘り強く積極的に進められていった。

カードリーダーとそれを制御する電子回路と基板はカウベルが担当開発し、美和ロックはこのキーのための取り付け構造と、ドアや部屋へ取り付ける機械部品の設計を進めていった。

紆余曲折はあったもののこの開発は成功し、カードキーは新商品として発売され市場に出ていった。電子キーの走りであった。

美和ロックとの共同開発だったが、電気制御に関する部分はカウベルの独自開発製品といってもよかった。電子部分は、カウベルが一手に受注して生産が始まった。カウベルはさらに売上を増やし、利益も大きくなっていった。

これは卓志が技術開発に積極的に取り組み、社員を叱咤して獲得した結果だった。

開発に要した費用は多額だったが、この新製品の売り上げ増によって、瞬く間にそれを取り戻しただけでなく、その一〇倍以上の利益をもたらした。

しかも、この開発によってカウベルの技術力は一層向上して、優秀な技術者が育ち、カードのリーダーライターでは他社を凌《しの》ぐ技術を持つようになった。

こうしてカウベルは倒産の危機から辛くも脱出して、御代田精密や美和ロックとの取引を通じて、急速に成長していった。

この経験で、卓志は技術力の向上と新技術や新製品の開発が、会社の将来を左右する最も重要なことだと学んでいった。

高い技術力を養い、品質向上に努めて信頼関係を築けば、小さくても自主的な経営ができ、大手企業の下請けで一方的に振り回されることはない。

大手企業は時としてその権威を笠に着て、下請けや孫請けに無理難題を押し付けてくることもある。突然に発注が減らされたり、コスト削減を強要される、場合によっては、買収されることもあり、何かと影響を受けやすい。ここから脱出しなければ長く存続することは難しいのである。

三〇〇〇万円の不渡り手形をつかまされた、あの時に倒産をしていたら、発足五年の企業寿命で終わっていただろう。

卓志は毎日、目の回るような忙しさに振り回されていたが、その間にも、カウベルをこれからどうしていったらいいのか、いつも頭から離れなかった。すでに会社の規模は大きくなって、従業員とその家族、関連の外注を含めると、数百人の人々の生活と人生がかかっていた。

そして、それ以上にカウベルは卓志自身の人生そのものであった。

第一〇章　先進的採用の仕方

日系ブラジル人の採用

御代田精密にはカウベル以外にも佐久や御代田、軽井沢周辺に一〇社ほどの、下請けの関連会社があった。

関連会社の社長たちは連絡を取り合って、食事やゴルフをしながら情報交換する。卓志はその関連会社の三石社長、桜井社長と親しくなり、時折食事も一緒にしていた。

ある日、三石氏がこのところ話題になっている人手不足の話を切り出した。これは御代田精密関連会社の悩みであり、この佐久の中小企業の経営者たちの最大の関心事でもあった。

「坂川さん、人は集まりますか？」

「それがね。あちこち手を尽くしてるんですが、ダメですね。桜井さんも、大変だといってました」

「やっぱりそうですか。私のところもどうしようもないですよ。人はいないわけじゃないでしょう。高賃金を出せば集まるんですかね？」

「でも、我々中小企業は、大手並みの賃金を払うわけにはいきませんよ。円高が酷《ひど》くて、そのぶんのコストダウンも要求されてます。会社によっては、有無を言わさず納入価格カットですからね」

「もっと増産してくれといわれるんですが、どうすればいいんですかね」

卓志もどうすればいいのか、わからなかった。御代田精密は好調で、関連会社には増産要請が頻繁にきていた。

カウベルにも増産の要求が出ている。しかし残業も目一杯にやっていて、限界だった。

製造業界は円高に対応するために、大幅な合理化投資をしてコストダウンをするとともに、人件費の安い海外への進出を急速に進めていた。

激しい円高で後進国の人件費は一〇分の一～二〇分の一になっていた。こうした状況を受けた産業界の強い要望に、政府は日系ブラジル人の出稼ぎ労働者の受け入れを容認する法改正をした。

『出入国管理及び難民認定』の改正であった。海外に移住した日系人の二世、三世に定住者としての在留資格を与えて、単純労働を含めて就労することができるようになった。

日系でない外国人でも、日系人の配偶者であれば同じような在留資格が与えられた。期間は三年で一回は延長ができるようになっていた。

大手企業は一斉に、日系ブラジル人の出稼ぎ労働者の受け入れを始めていた。特に多く受け入れていたのは大手の自動車メーカーであった。その工場の周辺は日系ブラジル人村ができるほどであった。一方で、日系ブラジル人労働者が増えるに従って、日本人との摩擦も増えテレビや新聞で話題になっていた。

卓志はこのニュースを見ておかしいなと思っていた。大手自動車メーカーや製造業は万単位の日系ブラジル人を臨時工として受け入れている。しかし、自分たち中小企業は蚊帳の外に置かれて、相変わらず人手不足に苦しんでいる。その上、大手企業から納入部品の価格を一方的な通告で削減されて、血の滲むような合理化を進めていた。

そこで卓志は、この日系ブラジル人労働者の受け入れができないかと調べて回ったところ、いくつもの問題があることがわかってきた。日系ブラジル人労働者の受け入れには、ブローカーという仲介業者が存在していた。

日本とブラジル現地のブローカーの双方が連携して、日本企業の要求に基づいて労働者を送り出していた。自動車メーカーは生産の状況に合わせて、数百人単位の労働者の注文を日本のブローカーに出していた。この日本のブローカーは、ブラジルのブローカーに指示して現地で労働者を募集し、応募してきた日系ブラジル人は日本で各企業に配分された。

ブローカーは労働者と企業の双方から仲介手数料をとり、一五万円程の渡航費も高利で融資して、給料から天引していた。これらを含めたトータルのコストは高くなって、大手自動車メーカーは時賃一二〇〇円を彼らに支払っていた。

これを知り、卓志はとても敵わないと思った。

中小企業では時賃八〇〇円以上はとても支払えないし、生活に不便な田舎には来てもらえないだろうと思った。それ以外にも問題は多かった。ブローカーを介してかなり多くの人たちが家族で来日していた。大手企業は不適格者は雇わないため、夫婦や親子が離ればなれになったり、企業間をたらい回しになる人も出ていた。

卓志はブラジルの現地のことも調べた。日系人は一五〇万人以上もいてブラジル社会にしっかりと根付いていた。それにブラジルは一二〇〇％もの激しいインフレの最中で通貨のレアルが暴落しており、日本の円も暴騰したため、その差はさらに激しくなっていた。

日系ブラジル人の中で日本への出稼ぎがブームになっていて、日本で三年働いて貯めた金で、ブラジルでは家を一軒建てることができた。その金で商売を始める人も多かった。日本はまるで夢の国とみんなが思っていたらしい。

ブラジルに渡航して直接採用

卓志はいちばんの問題はブローカーで、ここを介さず直接労働者を雇う方法はないかと考えた。ブラジルに行って日系人労働者と直接契約すれば良い。それならば八〇〇円の時賃でも、彼らの手取りは大手企業並みになるのではないか。入管法も調べてみたが、問題はなさそうだった。しかし全く言葉や習慣の違うブラジルで、どうやって人を募集すればよいのか。

だが、考えてみれば相手は日系ブラジル人であり、現地の日系社会では日本語は十分に通用する。卓志は決断すると行動は早い。早速、三石社長と桜井社長の二人に声をかけ、御代田精密関連会社で力を合わせて、直接採用してみようと思った。

「日系ブラジル人を採用したらどうかと思っている」

「時給一二〇〇円って聞いている。出せないでしょう」

「大手企業への派遣は日本とブラジルのブローカーが間にいて、ピンハネしている。ブローカーを介さずに、直接ブラジルから雇えばうんと安上がりになる」

「そうか、でもそんなことできますか？」

「色々調べたが、法律的な問題はない。ただブローカーを介さずに行うには、私たちで向こうに行って、直接、募集採用をしなければいけない」

「そうだろうな。しかし事情もよくわからないし、向こうの法律問題もあるんじゃないか」

「このまま手をこまねいていては、どうしようもないから、とにかく一度行ってみようと思う」

「とにかくやってみよう、やって見なければ始まらない」となんども説得した。

日本に来て働いている日系ブラジル人を紹介してもらい、向こうの事情を調べて回った。日本のブローカーにも接触して情報を取った。

「日本で働く人を募集しています」という写真入りのチラシも作った。カウベルのクリーンルームで、白衣を着て働いている人たちの写真を用意し、こちらでの賃金や労働条件の説明書も

リオデジャネイロ

作った。現地の日系ブラジル人を紹介してもらい、コンタクトをとってもらい、事情を説明すると積極的に協力をしてくれるという。

周到に準備して、一か月後に三石氏、桜井氏の三人で日本を出発した。

ブラジルはちょうど日本の真裏に位置している。一度途中で給油し、リオデジャネイロの空港までは三五時間の長旅だった。

ビルが林立する大都会の上を飛行機は降下していき、やがて大きな岩山がいくつも聳《そび》えている熱帯の美しい海が下に見えてきた。山の頂上にある巨大なキリスト像を右に見ながら、飛行機は大きく旋回して、リオデジャネイロの空港に着陸した。ギラギラした太陽の下、市街地には熱気が充満している。空港で電話をしようと一万円を現地通貨のレアルに両替すると、大きな札束を渡されて驚いた。改めてその一部を硬貨に両替してもらった。前述より更に、レアルは二〇〇〇%もの暴落をしていた。

迎えにきたコンサルタントの車で高速道路を六時間走り、サンパウロの日本人街リベルダージのホテルに入った。そこで世話をしてくれる人たちを紹介されて、ブラジルの事情を教えてもらった。数日後には、ホテルで日系ブラジル人労働者の採用を始めた。

最初は案内してくれた知人の紹介で、アチバイヤという町に行った。現地の新聞に「日系ブラジル人の出稼ぎ労働者を探している」という記事を書いてもらった。やがて多くの日系ブラジル人が町の公民館の会議室に集まって来た。そこで一人一人面接をした。日本から持って来た写真やビデオを見せ、労働条件や渡航費などの説明をした。こうしているうちに現地の事情が次第に分かってきた。

サンパウロでは、日本の大手企業がすでに多くの労働者を採用しており、人件費がかなり高くなっていることがわかった。提示した条件で採用できたのは一〇人ほどだった。コンサルタントに聞くと、田舎に行けばまだ多くの労働者を採用できるという。早速サンパウロの北、飛行機で一時間の所にあるロンドリーナに出かけることにした。そこは日本のブラジル移民が最も早く入植したところであった。

ここでは、現地の日系人有力者が歓迎、協力してくれた。有線放送で希望者を集めてくれ、三日ほどの滞在中に、二〇名の従業員を採用することができた。

結果、サンパウロでの一〇人を合わせて合計三〇人の日系ブラジル人を採用できた。ブラジル側の法律に触れないよう、彼らと直接契約をして採用した。卓志たちが先に日本に帰って、渡航費を送金して、彼らはそれを受け取ってから日本に来る手筈になった。

ここまでで八日ほどブラジルに滞在した。慣れない異国で戸惑い、苦労することが多かったが、ようやく直接日系ブラジル人を採用できたのだ。

人手不足はこれでなんとか解消できそうだった。

帰国するためにサンパウロ国際空港にいると、ロビーに大勢の人が集まって泣いている。もう二度と会えなくなるのではないかと、父母や祖父、兄弟、従兄弟までもが大勢で抱き合って別れを惜しんでいた。

出稼ぎに出るときは、親族がみんなで応援して資金を出してくれる。親子や親族の絆は今の日本人よりはるかに強く結びついている。日系ブラジル人はあんな思いをして日本に来ているのだと卓志は感じた。気軽にちょっと出稼ぎに来るのではないことがわかり、彼らを大事にしなくてはと思った。

帰国するとすぐに彼らを受け入れる準備を始めた。寮やアパートを用意するだけでなく、慣れない異国での暮らしを手助けしなければならない。卓志は自ら陣頭に立った。

やがて成田空港に到着した彼らを、卓志自身がマイクロバスを運転して迎えに行った。彼らの日本語はおおよその意味を聞き分けるが、話すことはできず、話す時はポルトガル語だった。初めは戸惑っていたが次第に日本に馴染み、大きな戦力になってくれた。

カウベルだけではなく桜井社長や三石社長も、これでやっと人手不足を解消することができたのだ。

これ以後は、人手が足りなくなると彼らにブラジルの親族に連絡をしてもらい、直接ブラジルから出稼ぎ労働者を採用することが出来るようになった。

大手のように数百人も採用するわけではなく、数人から一〇人ほどだったからこれで十分だった。それからは、カウベルの日系人に話す。

「ブラジルに連絡して五人ほど出稼ぎに来る人を探して欲しい」

「わかりました。向こうに連絡して探してもらいます。決まったら社長に連絡します」

彼らはすぐにブラジルの家族に連絡をして、人を選んでくれる。みんな身元がしっかりしたやる気のある人たちだった。

あとは、こちらから渡航の費用を送ればよかった。会社も大変好都合であったし、彼らもブローカーにピンハネされずに良い条件で働けるようになった。

もう一つ付け加えれば、卓志は採用するときになるべく夫婦や親子、親戚などを一緒に採用した。子どもがいる夫婦も中にはいたので、家族一緒の方が慣れない異国で生活する彼らに良いだろうと思ったのだ。日系ブラジル人も日本の生活に慣れてくると、少しでも良い賃金を求めて転職することが多くなり、高賃金を餌にあくどい引き抜きも横行していた。しかし、家族単位で来ているカウベルでは、長く定着してくれ、両者にとって幸せであった。この卓志の思い切った行動で、御代田精密関連の三社の人手不足は解消されたのだった。

善光寺初詣が信濃毎日新聞の記事になった

日系ブラジル人がカウベルで働き出した年の大晦日に、卓志は彼らとその家族をマイクロバスで長野の善光寺の初詣に連れて行った。慣れない異国生活の寂しさを少しでも忘れてもらおうと思ったのだ。信州では、大晦日に除夜の鐘を聴きながらお参りし、年が明けたら、そのまもう一度お参りをする初詣を「二度参り」あるいは「二年詣」と呼ぶ。信州や新潟、群馬、島根の一部だけの習慣だという。

除夜の鐘の音を聴きながらお参りして、年が明けた新年、善光寺の賑やかな境内で大人も子どもも大喜びで楽しんでいた。

その光景が折しも初詣の取材に来ていた信濃毎日新聞の記者の目に止まって、子どもたちは

善光寺

話しかけられていた。その新聞記者は卓志のところにやってきて、

「あの人たちはどういう人たちですか？」

「私の会社で働いている日系ブラジル人の家族です。私がバスに乗せて連れて来たんですよ」

社長自らがマイクロバスを運転し、日系ブラジル人従業員を慰安に連れてきていることに驚いたのだろう。和やかで楽しそうな雰囲気なので、聞き及んでいる日系ブラジル人労働者とはずいぶんと違い、幸せそうだと思ったらしい。

卓志はブラジルに行って直接雇用した経緯を話した。

「そうですか。ブローカーを介さずに直接採用

すれば、お互いに幸せですよね。本人と直接雇用契約ですか。よくそれをやりましたね」と感心され、

「その件で御社の工場を取材をさせてもらえませんか」と依頼された。

その記事は信濃毎日新聞に掲載され、大きな反響があった。当然のことだったが、人手不足に悩む中小企業からの問い合わせが多かった。

それからは、中小企業団体から多くの講演依頼が舞い込んできた。最初は佐久市内の中小企業を対象にした講演会で「ダイレクトスカウト体験談」と題して開催された。その後に埼玉県の川口市の商工会議所からも依頼があった。大勢の人を前にして話をしたが、聴衆の熱意がひしひしと伝わってきた。川口市は鋳物の街で、極端な労働者不足に苦しんでいたのだ。

卓志はこの時、生まれて初めて講演料というものを受け取った。「しゃべって何ぼ」はとても不思議な感覚で、ありのままを話していただいた謝礼は有難いものであった。

その後も地方の商工会議所などから何度も声がかかった。多くの中小企業は大手企業が安い労働力として日系ブラジル人を大量に採用しているのを、ただ横目で見て苦しんでいたのだ。

それ以降、ブローカーを介さずに日系ブラジル人を採用する企業が増えていった。卓志の行ったことは先進的なことだったのだ。

このブラジル行きが別の意味で、その後の卓志の人生に大きな影響を与えることになるのだが、その時は知る由もなかった。

信濃毎日新聞社は後に外国人労働者の実態を特集したルポルタージュ『扉をあけて』を出版して、菊池寛賞を受賞している。

この本の第一部「歪《ゆが》む外国人雇用」の中に、卓志とカウベルを取材した様子が写真入りで載せられている。写真には日系ブラジル人が、カウベルの工場内で働く姿と、家族一緒に善光寺で初詣する姿が写っている。

大手企業がブローカーを介した採用で多くの人権問題を引き起こしている状況の中で、社長自ら現地に出向いて面接、直接雇用契約を結んで人件費を切り詰めると同時に、彼らを大切に扱い、異国での生活の手助けをする好事例として、冒頭に取り上げられている。

第一一章　第二の人生への旅立ち

佐久コスモスロータリークラブの設立と商工会議所加入

会社の経営は安定成長している。長男の和志は経営方針をよく理解している。これならば大丈夫と思って仕事を少しずつ任せ、卓志は世間への恩返しに、多少の社会貢献をしようと思うようになっていた。

その第一歩として一九九一年、佐久の経営者仲間に声をかけて、佐久コスモスロータリークラブを設立した。四一名の参加者があった。このロータリークラブは国際ロータリークラブの傘下組織として、その正式な承認を受けた。トップはガバナーと呼ばれており、その下に三人の補佐がいて運営の実務をしていた。

地区のロータリークラブの上には、県単位のロータリークラブがあり、さまざまな情報交換や親睦会を行う他、慈善事業も行っていた。

卓志は佐久のガバナー補佐を引き受けたこともあった。

そんな頃、東京トランジスタ時代から付き合いのあった浅南《せんなん》工業株式会社の白鳥社長から佐久商工会議所への参加の誘いがあった。白鳥社長は佐久商工会議所の常議員で工業部会の会長をしていた。

「商工会議所はこのところマンネリで停滞をしている。坂川さんのような人に新しい風を吹き込んでいただきたい」という。

商工会議所は日本全国各地にあって、この辺りでは佐久、小諸などにあった。トップは会頭でそれを補佐する副会頭が三人いて、その下に常議員一五人という構成だった。

もともと地域の商業経営者の団体であったが、そこに工業経営者が参加するようになって商工会議所となったものだった。卓志は入会後間もなく常議員になり、翌年に推薦されて副会頭に就任をした。会頭はいわば名誉職で、実務の大部分は三人の副会頭が行っていた。

卓志は持ち前の行動力でさまざまな新しい活動を始めた。

中でもメガワットソーラー発電事業「佐久咲くひまわり」は、卓志が提案し設立されたもので、佐久地域の企業の工場の屋根や屋上にソーラーパネルを設置して発電するものだった。環境省メガワットソーラー共同モデル事業推進の政策を受けて、全国でも最も早く実施された。そのため注目を浴びてテレビや新聞記事にもなった。参加企業六社と佐久商工会議所の七団体がそれに参加した。代表組合員はカウベルであった。

環境省の認定を受けて補助金が支給された。早い時期だったので技術的な問題があり、参加各社の利害調整も大変であったが、卓志は持ち前の行動力で打開していった。完成後に当時の小池百合子環境大臣が見学に訪れたことでも話題になった。卓志は名刺交換したという。今では設備の償却は終わって利益をあげている。

そのほかに佐久平中小企業振興会会長、佐久ものづくり研究会会長、佐久異業種交流会会長などの役職に就き、一六もの団体に所属して活動した。

カウベルの社長の仕事をこなしながらのこの活動で、目が回るほどに多忙であったが、その中で第二の人生への転換を考えていたのだった。

小諸ロータリークラブから、長野県のトップであるガバナーを要請されたこともあった。長野県のガバナーは傘下の団体の持ち回りになっており、小諸にその順番が回ってきたという。名誉職で垂涎《すいえん》の的であったが、卓志はその就任を断った。

ガバナー補佐は受けたが、トップのガバナーは受けると簡単にはやめられない。佐久の商工会議所でも同じようなことがあった。会頭が退任に際し、卓志に後任を頼んできた。

これまでの卓志の活動の実績から当然の成り行きであった。しかし、それも固辞した。商工会議所は地域の商業経営者の団体であり、古くからの地元の地縁、血縁が色濃く反映した組織であった。後から参加した工業関係の卓志たちにはその人脈がなく、知り合いもほとんどなかったので難しいうえに、トップの会頭になると、自分の第二の人生への転換が難しくなると思ったのだ。それに会頭の真意はできるならば続投したいと思っていることも察知していたので、多くの常議員を説得して回って、現会頭の続投を承認してもらった。

突然の社長退任

やがて、卓志は驚くべき行動に出た。二〇〇三年、突然、社長の退任を決断したのだった。まだ六五歳だった。三九歳の長男和志に代表取締役社長を譲って、卓志は代表権のない取締役会長になったのだ。

卓志のような創業社長にとって、会社は自分の分身であり、高齢になるまで社長や会長職を務めている例が多い。会長職になっても大概は代表権を握っている。八〇歳、九〇歳までも、その座に座り続ける人も珍しくはない。

上場企業、未上場企業の高年齢者社長（会長）の二〇一二年のリストによると、八〇歳以上は合計六四人いた。最高齢経営者は九六歳であり、六五歳以上ではどれくらいの数になるのか想像ができない。

特に中小企業の経営者は、いつまでもトップに居座り続ける傾向が強く、役員はほとんど一族が占めていて、親族以外の人を役員にしなかったり、高齢になって社長は息子に譲っても、いつまでも代表権付の会長職をしていると聞く。

佐久の商工会議所やロータリークラブの人たちも、卓志の社長退任を聞いて驚きの声をあげていた。

「よくそんなことができますね。私には考えられませんよ。寂しくないですか」

「一番良い時に退任するのがベスト、と聞いてますが私らにはできませんよ。しかも代表権を持たないんですものね」

「私も見習ってそうしようと思いますが、できるかな?」

「私も息子に社長を譲ったけどね、信用できないよ」

しかし、卓志は違った。

「私は経営に口を出さないから、全てお前の好きなようにやりなさい。会社がうまくいくかいかないかはお前次第でいい。その結果はお前が背負っていくだけだよ。いざとなったらまたサラリーマンに戻ればいい」

そう申し渡して、卓志は役職も代表権のない会長になったのだ。未練は全くなかった。卓志は退職金もいくらでもいいと思い、金額は新社長和志に一任した。

提示された金額を見ると、予想以上の高額だった。

「息子は創業の苦労を経験していないから、こんな額を出す。会社の経営は厳しいということをまだよく知らないからだ」

と感じながら、卓志は第二の人生の資金にありがたくそれをいただいた。

会長の給与と年金もある。それで充分だと思っていたし、それ以上の欲はなかった。

第十二章　ブラジル永住顛末《てんまつ》記

ブラジルから届いた招待状

二〇〇〇年のこと、ブラジルから一通の結婚式の招待状が舞い込んだ。カウベルに出稼ぎに来ていたが、その後、日本で貯めた金でブラジルで事業を始めて成功したアダチ・ムリロ・マサハル氏からだった。

日本にいた時に、親身になって世話をしてもらった恩義を忘れていなかったのだ。嬉しい招待だった。

一〇年前に日系ブラジル人労働者の募集で初めてブラジルにいった時の印象は、強く卓志の脳裏に焼き付いている。日本と全く違う世界がそこにあった。

空には強烈な熱帯の太陽が輝き、熱い空気の中に人も木々も原色に彩られていてエネルギッシュだった。

街で行き交う人は、ほとんどジーパンか半ズボン、Tシャツやキャミソールで、賑やかに楽しそうに話しながら歩いている。

路上には屋台の店が色とりどりに並び、そこで美味そうなものを食べながらビールを飲んでいる。大金持ちがいると思えば、路上生活者がそこかしこに寝ている。人々は互いに気軽に声をかけあってよく笑い、明日のことはなんとかなるさ、という雰囲気が感じられた。

街を歩くと、ラテン系の人、黒人、白人、日系人やアジア系の人たちが、屈託無く交わっている。街の外壁には、色とりどりのいたずら書きが多いが、それが街に活気を与えていて、熱帯特有の明るく開放的な世界が広がっていた。

卓志は当時の解放されたような感動を思い出し、多忙だったがもう一度行ってみたいと思った。

カウベルは和志に託し、商工会議所には休暇のお願いをして、その結婚式に出席することにした。一〇年ぶりのブラジルに心は弾んでいた。

懐かしいサンパウロの日本人街リベルダージにあるホテルで、結婚式は行われた。結婚パーティは夕方から始まり、美味しい料理と果物、酒をふんだんに飲み食いして、楽団の演奏で深夜になるまでサンバに合わせて踊っている。ブラジルの人は人生を楽しんでいる。

主賓として招かれた卓志はその賑やかな雰囲気に囲まれて、人は人生を楽しむために生きているのだと感じた。

卓志を結婚式に招待してくれた日系のアダチ夫妻が、サンパウロ市の近郊を案内してくれた。ブラジルの国土は、日本の二〇倍以上だ。熱帯の緑が生い茂る明るい大地が広がっている。サンパウロの北の高原には広大なコーヒー園が見渡す限りに広がっているが、そのコーヒー園はほとんど日系ブラジル人が経営をしている。

一〇〇年ほど前にブラジルに移住して、血の滲むような苦労をして築き上げたものだという。忍耐強く勤勉で、努力を惜しまない日本人だから成功したのだろう。

コンドミニアム開発中の敷地

高速で北に三〇分ほど行ったところにあるジュンディアイ市の郊外も案内してくれた。美しい湖の周りに開発中の広大な敷地には、高級住宅地・コンドミニアムが建設されるという。

開発事業者の事務所で完成計画を見せてもらうと、広い住宅街には緑が植えられ、ショッピングモールやプール、テニス場、サッカー場が設けられて素敵な高級別荘地になるらしく、一区画が二〇〇坪〜二五〇坪で約二五〇万円、完成時には八五〇棟の住宅地ができるという。卓志はそれを買いたいと思い、アダチ氏に聞くと、

「坂川さん、外国人は永住権を持っていないと買えません。それにサンパウロに住所がない

と」

「そうか、残念だな」

「でも本当に坂川さんが買いたいならば、名義を貸してもらえばいいんです。そういう人は他にも何人もいます」

「そうか、君が名義を貸してくれるなら買うよ」

日本ではほとんどやっていなかったが、少し投資してみようかとも思った。実際に名義を貸してくれたのは彼の姉アダチ・マルタ・サチキさんだった。考えた末にどうせ買うのだからと二区画買うことにした。

話はトントン拍子に進み、日本に帰国後、すぐに購入代金五〇〇万円を送金して、早速購入してもらった。

その時、滞在したのは一週間ほどだったが、熱帯のギラギラと照りつける太陽と、おおらかで愉快なブラジルの人々に魅了されていた。その後日本に帰って忙しい毎日に埋もれていたが、毎年の管理費と固定資産税を送り続けていた。卓志はいつかそこに住んでみたいと思ってはいたが、忙しさに紛れてしまっていた。

ブラジルでのビジネス一考

以前、ブラジルに事務所を開設して、カウベルや美和ロックの製品の販売を検討したことがあった。二〇〇七年にブラジル日本商工会議所を表敬訪問した頃である。この時の調査の結果、ブラジル独特のビジネス上の問題が多くあることを知った。
果敢で積極的な卓志が、事務所の開設を断念せざるを得ないほどの問題だった。その時の調査結果のレポートを一部変更、要約して以下に載せたい。

ブラジルにおけるビジネス上の問題点　　坂川卓志

ブラジルには特有の「ブラジルコスト」があるという。ビジネス界では以前から指摘されている問題であった。

ブラジルは一握りの大企業と高額所得者が経済を支配しており、その他の国民は低所得で格差の大きい社会になっている。

相対貧困率はいずれも世界で三番目に高い。この激しい所得格差に起因するさまざまな問題がありビジネス上の問題になっている。

◇税金問題

輸出入に課せられる連邦税、州税、市税、などが一八種類あり、そのほかに各種の手数料、負担金が合計二七種類もあると言われており事務手続きが複雑で難しい。経理、財務の専門スタッフを雇う必要性がある。

制度もコロコロ変わる。役所も税関のスタッフもよく理解しておらず、ミスが発見された場合は、遡《さかのぼ》ってペナルティを請求されるケースがある。

◇海外送金問題

ブラジル中央銀行が、外貨が国外に出るのを厳しく管理しており、利益の海外送金等は手続きが煩雑で難しく、時間と費用もかかる。

会社創立時に、国外の本社に立て替えてもらった費用を後に送金しようとしても、大変難しいという。

◇輸入通関問題

手続きが煩雑で多くの日数がかかる。航空便でも到着してから引取りまで一週間はかかる。引取り時間も不明で予定が立てられない。部品の輸入に際し、インボイスに製品の重量、材質、メーカーを記入しなければならず手間がかかり、緊急対応が難しい。

輸入ライセンスの取得、通関書類作成に大きな労力と時間がかかる。

税関スタッフの仕事が遅く、しかも勤務時間終了前に帰宅してしまうことも多いという。

◇労働問題

ブラジルでは多くの組合があり、賃金交渉で、強硬なストライキを行うことがしばしばある。

今年も税関で三〇%の賃上げを求めてストライキが行われて、輸入部材が止まって日系企業が被害を受けたことがある。現在は毎年最低賃金の一〇%アップとなっているが、さらに高い賃上げを求めている。

英語のできる優秀な社員の初任給は日本の新卒のそれよりも高い。一年問題なく勤務すると一か月の休暇と一か月のボーナスを与えなければならないと法律で決められている。労働者に手厚いシステム、法律になっている。

◇訴訟問題

訴訟に費用がかからないために、従業員はちょっとしたことで、会社に対して訴訟を起こす。そのために訴訟が非常に多く、従業員の五~一〇%の件数の訴訟が発生する。会社で健康上の被害を受けたという訴訟を起こしている人が、他の会社で元気に働いているというような事例も多発している。

労働者に有利な判断をする裁判官が多いという。

◇治安問題

サンパウロでは、治安が悪化しており、日本人や日系企業は、ターゲットになりやすい。そのために各企業はセキュリティにお金をかけている。会社の出入は証明書が必要で、自動で写真を撮影されるところが多く、ロックが解除されて初めて中に入ることができる。

車が襲われるケースもあり、車は防弾仕様にしている企業が多い。日系自動車メーカーの社員が誘拐されて身代金を奪われた事件以来、日系企業は比較的治安の良いサンパウロのパウリスタ地区に集まっている。

（カウベル調査・二〇〇七年より）

これらの問題に対処するために大きな経費がかかる。この経費は大手企業ならば何とか負担できるが、中小企業にとっては大変に重いものになる。そのために卓志はこのブラジルのビジネスは断念した。

その後、日本の労働環境は大きく変化していった。円高が進んで企業は海外に転出し、日本国内の単純労働者の仕事はなくなりつつあった。カウベルでもシステム開発事業部が順調に育ち、製品の加工組み立て部門の売上と半々にまでなっていた。

佐久商工会議所では卓志の提案で「知的な仕事に携わるエンジニアをブラジルから採用できないか」という話が持ち上がり、卓志は佐久商工会議所の副会頭としてエンジニアの採用ルートを探索するために再度ブラジルを訪問した。

結婚式に招かれてコンドミニアムの土地を購入した時から一〇年が過ぎ、今回は三回目のブラジル行きだった。その出張報告が佐久商工会議所の月報に掲載されている。一部を省略、要約して以下に引用する。

遠い国ブラジル

佐久商工会議所　副会頭　坂川卓志

私はブラジルとの関係は深く、今から一八年も前に出稼ぎ労働者の採用のために出かけたことをきっかけに、今回の訪問で三回目になります。

なぜ今ブラジルなのかと思われるかもしれませんが、弊社も含め中小企業は、今、エンジニアの採用が非常に厳しくなっております。

今まではワーカー主体でよかったのですが、これからは団塊の世代の退職を控えて、大手が大量採用をする動きもあり、中小企業の技術者採用は困難が予想されます。このため過去の人脈を頼って、いち早くワーカーではなくエンジニアの採用ルートを作る必要性を感じたのが大きな目的でした。

長期間不在になることから、会頭にお話をしたところ「まさにそのとおりだ、佐久商工会議所には『いきいきワーク佐久』という受け皿もあるし、実現に向けて頑張ってきてほしい」との助言もいただき、プレッシャーを感じながらの旅となりました。

七月一日の夕方成田を立ち、ニューヨークを経由して二四時間近い時間を経てサンパウロに到着しました。

まず最初にお邪魔したのは、私が行動を起こすきっかけとなった伯国三菱商事でした。昨年暮れの日経ビジネス一二月号の特集に、伯国《はくこく》（ブラジル）三菱商事のブラジルでの技術者採用の取り組みが大きく取り上げられていたのです。技術者の教育とその受け入れ態勢の話が載っており、二五人の募集に九五〇人の応募があったという記事でした。

日本を発つ前に面会の段取りをつけており、早速伯国三菱商事副社長の二村博氏にお会いして、二時間以上の時間を割いていただき、有意義な話し合いをして助言をいただきました。

エンジニアの採用の私の基本的な考えは間違っていないことがわかりました。二村氏からは「時間がかかりますが、今からやっておけば将来必ず役に立ちますよ、私も応援をいたします」と激励をいただきました。

その後に伺ったのはブラジル日本語センター理事の諸川氏でした。一連の事情を説明したところ、「ちょうど日本語促成塾の開所式があるので出席しませんか」と誘われて出席をしました。

やはり現地でも四世、五世はほとんど日本語が話せません。派遣業者でもこのことが日本で問題となっており、ある程度日本語を教育して送り込む必要に迫られているようです。この日本語促成塾の開所式では多くの人とお会いできて情報収集に役立ち大変有効でした。新聞記者の取材を受けて小さい記事でしたが、現地の日系新聞に佐久商工会議所の名前も掲載されました。

エンジニアの採用については最低でも六か月以上の日本語教育を受けて、日本語学校の資格を取得することを採用の条件にすることを考えています。

ワーカーと違ってエンジニアは顧客との意思の疎通ができなくてはなりません。促成塾は三か月で少し物足りないと思っています。しかし現地には日本語教育機関は多くあるので受け入れ条件を確立することはできます。

さて、次に重要なことはどのような手段で人材を集めるのかということです。伯国三菱商事副社長の二村氏は日系のコミュニティを中心にして採用するのが効果的との助言を下さいました。

お世話になっていた経営コンサルタントの紹介で、日本・ブラジル新聞の山村マネジャー、パルテウス副社長に会うことができました。日系のテレビ局系列の新聞社で、三〇万人の日系人に放送をしているといいます。私の説明に全面的に協力をしてくれると言って下さいました。

最後に面会したのはブラジル日本商工会議所の事務局長の平田氏でした。多忙な方で、ようやく面会できたのは帰国が迫る七月二五日でした。平田氏は「地球の裏側の日本から平戸丸が移住民を乗せてブラジルに渡って来てから一〇〇年を迎えようとしていて、来年は一〇〇周年行事で、今から大変に忙しい。今ではブラジル日系人は六世まで生まれており、世界で最も多い一五〇万人になっている。彼らは非常に優秀で、昔と違って地位も向上して定着しています。サンパウロ大学では学生の一五％、サンパウロ市の人口の二％、サンパウロ市の人口の五％を占めています」平田氏はエンジニアの採用先として、サンパウロ大学（東大クラス）と他の一つの大学を紹介して下さいました。

「そのような優れた大学生は、卒業までに就職が決まっているのではないですか」と尋ねたところ「いやそんなことはない。ブリックス（註）の一国ともてはやされてますが、まだまだ受け皿は少なく、優秀な人材が溢れているのが実情です。ぜひその受け皿として確立をしてください」と言っておられました。今回の訪問で私の考えは大筋として妥当であると確信を深めました。（佐久商工会議所・月報より）

註：ブリックス（ＢＲＩＣＳ）とは、Ｂ・ブラジル、Ｒ・ロシア、Ｉ・インド、Ｃ・中国、Ｓ・南アフリカの五か国の頭文字を並べたもの。

ブラジルで買った土地が一〇倍になった

この出張の合間に、卓志はコンドミニアムに行ってみた。買った時はほとんど更地であったが、中は美しく整備されて、多くの住宅が建設されて、見違えるようになっていた。

広い敷地は緑に囲まれて、美しい建物が点在している。すでに一〇〇戸はあった。庭にはプールがある。テニス場、サッカー場もできている。

購入した住宅地の前は、緩やかな傾斜の丘の牧場になっていて、広大な草地に多くの牛が草を食んでいるのが見える。子どもの頃の故郷の牧場を思い出し、懐かしさで胸がいっぱいになった。

ここを購入するときに名義を貸してくれたアダチさんに卓志は聞いた。

「今ここの土地の価格は幾らになっている？」

「坂川さん、一〇年前より一〇倍になっているようですよ」

「そんなに値上がりしてるのか！」日本のバブルは崩壊したが、あとを追うように、ブラジルではバブルが始まっていたのだ。

五〇〇万円の土地がなんと五〇〇〇万円になっていたのだ。

卓志の胸の内には、小さな頃に故郷の父や母、兄弟や友達に囲まれて、山々の中で無邪気に

コンドミニアム建設中

遊んだ生き生きとした記憶が蘇っていた。

この開放的で伸びやかなブラジルで第二の人生を楽しみたい、値上がりした土地を半分売却して、その金でここに家を建てよう、そしてここで余生を過ごそうと思い立った。

帰国後しばらくして、卓志は商工会議所の副会頭を辞任、合わせて商工会議所を退会した。ちょうど七〇歳であった。

卓志はコンドミニアム内に自宅の建設を始めた。紹介された建設会社にその設計を依頼した。家の建設には、景観と環境を維持するため、守るべきさまざまな制約がある。周囲に木を植え、中庭に芝生を敷き、そこにプールを建設するの

緑豊かなコンドミニアムの宅地

が標準になっていた。

プールは建設費が高い上に、その後の管理費が嵩むのでタイル張りにし、代わりに二〇坪ほどのゴルフのグリーンを作ろうと思った。

設計の打ち合わせや建築の進行具合を見るために、なんども日本とブラジルを往復した。

建設工事を見に行って、ブラジルの棟梁にさまざまなアドバイスをした。グリーンは、一流のゴルフ場にある素晴らしいグリーンに負けないものを、自分の手で作ろうと思った。

卓志はブラジルで通っていたゴルフ場のグリーンキーパーに芝生の購入を頼んだが、その芝はひどいもので、とてもグリーン用とは思えない。ブラジルでは難しいと思い、日本のゴルフ場のグリーンキーパーに頼んで、作り方や、管理の仕方を詳細に教えてもらった。

大事なのは下地の作り方とのことで、芝の選定、植え方、育て方、肥料のやり方、薬の撒き方などを教えてもらった。水はけを考えて、何層にも砂利を敷いてその上に良い土をかぶせ、その土を平らにならすためのローラーは、卓志が自ら作った。切断した土管の中に、中心になる金具を入れて、コンクリートを流し込んで固めて作るのだが、これは東京トランジスタ時代、テニス場を作るときにも一度行っている。

ローラーで平らに整地し、日本から持って来た芝の種を植えた。芝がなんとか育ってくると、今度はその芝を綺麗に刈らなければいけない。ブラジルの芝刈り機は良いものがなく、仕方なく日本に帰って良い芝刈り機を探し回り、ブラジルに運んだ。

その芝刈り機は小型だが性能の良いものだったので、綺麗なグリーンになった。

最後にカップを買ってきてそこに設置し、ようやく美しい一級のグリーンがブラジルの自宅に整い、やがて家も完成した。

卓志が家を建設し始めた頃、妻の勝子が急性白血病で佐久総合病院に入院した。卓志は費用を惜しまずさまざまな治療を受けさせたが効果はなく、二〇一五年に急逝した。卓志と同い年で七七歳であった。四日市の工場で知り合ってから、五五年連れ添ってきた。

カウベルの創業時には縁の下で支えてくれ、会社の経営にほとんどの時間を注ぎ込んでいる間には、三人の子どもたちをしっかりと育ててくれた。

勝子は働くのが好きで、三人の子どもを育てながら他の会社に勤めに出ていた。いざという時のことも考えてくれていたのかもしれない。

晩年は農協の海外旅行クラブに入って、海外旅行を楽しんでいた。卓志はそんな妻に、事業が成功をしてからは経済的な不自由は一切させなかった。

妻の存在は当たり前になっていたが、失ってみると心にぽかんと空白ができたようで、改めて五五年の重みを実感していた。

パソコンが勝手に動く

妻が亡くなったこともあり、第二の人生はブラジル永住権を取得して、移住しようと思い始めた。ブラジルはエネルギッシュで明るくて魅力的な上に、ブラジル人はおおらかで陽気、人種差別はほとんどないと感じた。

ブラジルに滞在することが頻繁となったが、一番不自由なことは車の運転ができないことだった。日本とブラジルは国際免許協約が交わされていないから日本の免許証は使えない。この広大な場所では不自由も甚だしい。まずはブラジルの免許がいる。

ブラジルの国土は広く、リオデジャネイロから隣のサンパウロまでは高速で六時間もかかる。海岸沿いの大都会は鉄道や地下鉄、バスはあるが、地方は車がないと不便極まりない。スーパーに買い物に行くにも、病院に行くにも、ちょっと隣町に行くのも車なしでは大変だった。

永住するとなれば車の免許は必須で、ブラジルで正式に試験を受けて、免許証を取得する必要があった。車の免許を取るのはどうすれば良いか、知人に聞いて回った。

親しくなっていた大工の棟梁は「坂川さん、金があればなんとかなりますよ。私の知人を紹介しますから相談してみてください」という。その人に頼んで色々と手を尽くしてもらったが、昔と違って金を払っても難しいということだった。

それじゃと別の弁護士を紹介してくれた。するとまた同じことを言う。結局、方法がないのだった。

しばらくして同じコンドミニアムに住んでいる日本人が卓志を訪ねてきた。日本の商社に勤めていたが、今はブラジルに永住をしていると言う。日本人がいると言う噂を聞いて訪ねて来たのだ。彼に運転免許証のことを聞いてみた。

「坂川さん、頼む人が悪い。それじゃダメです。私に任せなさい」と言う。彼は日系人のコンサルタントを紹介してくれた。その日系人に「大丈夫ですから、私の言うとおりにしてください」と言われ、三〇万円ほど支払った。

そのコンサルタントの指示に従って、ジュンジャイ市内の一角にある運転試験場で、はじめに実技試験を受けることになった。

なんと一般道を使っての実技を行っている。

卓志は指示された車の運転席に座った。助手席に制服姿の女の教官がノートと筆記用具を持って座った。

ブラジルはポルトガル語で英語は全く通じない。もちろん日本語も通じない。

どうしようと思っていると、付き添ってきたコンサルタントが女性教官と何やら交渉している。彼が通訳として後部座席に乗ることになった。教官が指示を出すたびに、彼が通訳してくれた。

「スタートしてください」「その赤い印を右折してください」「そこで止まって、バックして車庫入れです」「坂の途中で止めて、坂道発進してください」

卓志はオートマしか運転していなかったが、車がマニュアルなので戸惑っていた。坂道発進で車が後ろにずるずると動いてしまい、「あ～あ、不合格だな」と思った。

教官は採点表を見ながら考えていた。

不合格かなと思って待っていると「パラベンス」と言う。「おめでとう」と言う意味だった。やれやれと思った。その日はそれでおしまいだった。コンサルタントは、「帰路は自分で運転をして帰って良い」と言う。

「まだ運転免許証もないのに大丈夫？」

「実技が合格だから大丈夫ですよ。万が一捕まったら、私がなんとかします」とニコニコと一向に気にしない。

翌日は、適性検査と学科試験だった。適性試験も前のように、コンサルタントが付き添ってくれて通訳してくれた。視力検査などの簡単な試験で問題なかった。次の学科試験が問題だった。部屋の中にはコンサルタントは入れない。何一〇台もデスクトップのパソコンが並んでいて、多くの受験生がそれとにらめっこをしている。パソコンで試験を行うという。

ポルトガル語は全く分からないし、もちろんブラジルの交通法規なんか分かるはずもない。どうやって試験を受ければいいのか、これは無理だろうと思っていたが、コンサルタントには、

「坂川さん、いいですか。指定された番号の机に座ってください。マウスを持って試験用ＰＣの画面をじっと見ていてください」と念を押された。

ドキドキしてその部屋に入って指定された机に座って、マウスを手に持った。

どうすれば良いのか、戸惑っていると、パソコンの画面に試験問題が写し出された。ポルトガル語だから何もわからない。画面の下に解答欄らしきものがあって、マウスでクリックして解答を入力するらしいが、お手上げだ。どうしようかとオロオロしていると、突然矢印のポインターが、スルスルと勝手に動いて解答欄をチェックした。驚いて見ていると画面は次の問題に変わった。そこも同じで、何もしないのにポインタが勝手に動いて解答をクリックした。

卓志はただ呆れてそれを眺めているだけだった。何十問の試験問題は皆ポインターが勝手に解答をしてくれて終わりになった。試験結果はもちろん合格だった。終わってからコンサルタントに聞いた。

「一〇〇点満点じゃ、バレませんか」

「大丈夫です。ちゃんと七〇点ぐらいになっていますよ」と笑っている。いやはや、ブラジルではポインタは勝手に動くんだ！　と感心した。

卓志がブラジルに永住したいと思ったのは、おおらかなブラジルの風土と人が好きになったからだろう。以下は彼がブラジル人気質について書いた文章である。

ブラジル人気質

坂川卓志

ブラジル人てどんな人？と聞かれると、それは陽気で大らかで楽天的、そして友好的と言われる。

その原因は国土が広大で気候に恵まれ、主食である米、豆（フェジョン）、とうもろこし、タピオカ等がふんだんに収穫でき、果物も豊富で一年中採れることだ。ブラジルには凍死も餓死もないらしい。

もう一つの要因として、南米大陸はスペインとポルトガルがそれぞれに分けあって植民地にしたが、歴史的に一度も血を流しておらず、友好的に事を進めて来た経

リオデジャネイロ

過があり、あまり危機感がなかったと思われる。

その中でブラジルを実質的に支配して来たのはポルトガル人だった。スペイン人と違ってポルトガル人は、根っから好色で、原住民のインディオや黒人に片っ端から手をつけて、多くの混血を生み出したことが原点となり、人種差別がなくなったと言われている。

そのためにどこから来た民族でも友好的に受け入れる気風が育っていて、二〇世紀に移住して来た日本人も、ほとんど差別を受けず、一五〇〇万人の日系人も、胸を張って堂々と暮らしている。

日系三世の六〇％は混血である。ブラジル人の友好的で人種差別をしない気質は、元はといえばポルトガル人の女たらしに起因していると言うのも的外れではないらしい。

一方、ブラジルは近年経済的に発展して所得が向上し、海外に出かける機会も多くなり国際水準の規律を身につけ始めたので、ブラジル人は時間にルーズと言うのは過去のものになっていると言われるが、愛国心とプライドがそう言わせているのだろう。

私の実感では、時間のルーズさと仕事が鈍《のろ》いのはあまり改善されていない。官庁になんども行ったが、仕事は遅いし、人を待たせたまま、昼食に出かけて一向に帰ってこない。なんどもそんなことを経験した。

責任感はほとんど感じられない。日系の友人に話すと「それがブラジルだよ、体に悪いから、のんびり構えた方がいいですよ」と忠告されてしまった。

ブラジル人はよく食べる。日本人の二倍は食べる。街で食事を注文すると、半分は残す結果になる。

それで、できるだけバイキング形式の店に入るようにしている。ブラジル人は太っている人が多い。しかし若い人はそうでもない。

土日は家族パーティが多く、長時間の飲み食いに付き合うのがかなり大変だった。でもこれがお国柄なんだと、不快な印象を与えないように努力をしてきた。

コンドミニアムに家が完成して、卓志はブラジルに長期滞在するようになった。ブラジルは快適だったが、長期滞在のためのビザを取らなければならない。どういう仕事で入国しているのかによって、期間が決められて、その都度更新手続きをしなければならないし、仕事の内容に法的な制約が多く、更新は面倒だった。

それならと、永住権を取得してこのブラジルに骨を埋めようと思った。

日系ブラジル人の友人の倉富氏が、永住権申請の相談に乗ってくれた。彼に案内されてサンパウロの連邦警察に、申請のため何度か足を運んだ。電車に乗ると、必ず誰もがごく自然に席を譲ってくれる。それが当たり前になっている。

ブラジルの役所の窓口は、どこでも、長々と行列していて、五〇人は並んでいることが多い。みんな話しながら、のんびりと待っている。何時間待たされるのかと思っていると、倉富氏が「この人は七七歳なんだよ」と言うと、みんなが一番前に行けと勧めてくれ、すぐに先頭に入れてもらえた。

地下鉄や電車でも年寄りを見ると、皆が席を譲ってくれて、愛想良くニコニコしている。日本では一度も経験したことはなかった。

やがて卓志は念願の永住権を取得することができた。

防弾仕様車が販売されている

ブラジル気質は陽気で大らか、気候は暖かく、食べ物が豊富で良いところなのだけれど、貧富の差が激しく犯罪が多い。殺人は日本の一〇〇倍はあるそうだ。多くの大都市には貧民街があり、そこは特に犯罪が多い。その区域に入らなければ、特に問題はないが、日系人は金を持っているので狙われやすいそうだ。

卓志の家では時々知人を集めてパーティを開催した。世話をしてくれる業者に頼むと料理や酒を準備してくれ、四〇人～五〇人の人が集まって来る。みんなよく食べて飲んで、賑やかに騒いで楽しい。

自宅から持ってきたＣＤプレーヤーのサンバ演奏で踊り出す。

彼らの中には、車でその危険な地区を横切って来る人がいた。

「ある日、車でその地区を通り抜けようと走っていると、先の方に車が横になって道路を塞《ふさ》いでいるのが見えた。とっさに急ブレーキ、急ハンドルでＵターンした。キーキーと激しいスリップ音がした。すると後ろから銃撃されて窓ガラスが割れた。危なかったよ」と楽しげに自慢話でもしているように話す。そして次のような会話になる。

「あそこを通るのは危ない」

ファヴェーラ

「俺の車は防弾仕様だから大丈夫だ」

「そんな車を売っているのか」

「販売されているよ、俺のこの車を見てくれ」

その車はドアを開けると厚みがあり、ガラスも防弾ガラスになっていてズシリと重い。防弾仕様の車が一般に販売されているのだ。

ブラジルは貧富の差が大きく、大都市にはファヴェーラという貧民街があり、そこは特に犯罪が多く、この地区を日本の車で通り抜けるのが危険だという。裕福な日系人は狙われる。しかしその町の人たちも、明るく愛想よく話しかけてくる。フランクで気さくだ。

現地の人はどこが危険か、どうすれば良いかみんなそれぞれに情報を交換して、各自で自衛をしている。それが当然だという顔で、楽しく暮らしているのだ。

ブラジル人はカーニバルにお金を使い果たす

リオデジャネイロだけではなくサンパウロでも、毎年カーニバルが行われる。大きな会場があり、そこに多くの着飾った人たちが音楽とともに踊って大行進する。さまざまな工夫を凝らした舞台装置が動き回って、この賑やかさときらびやかさはすごい。原色の派手な衣装に身を包んだ半裸の踊り子たちは身をくねらせて踊っている。

さまざまな舞台が次々に現れて競い合っている。舞台の後には多くの人たちが派手な衣装で踊りながら続いている。

この踊り子たちの衣装は全て自前で作っていて、この日ために一年間の働いたお金を全部つぎ込んでしまうという。この日は飲めや歌えやで徹夜で踊り狂う。心から楽しそうにしている。

カーニバル

卓志はカウベルに出稼ぎに来た日系ブラジル人のことを思い出していた。カウベル主催でパーティをなんども開いたが、音楽をかけるとみんな楽しそうに踊り出す。あるとき小さい女の子がみんなの前でサンバを踊り出した。見事な身のこなしで楽しそうに踊りまわる。日系人といってもブラジル人なのだ。みんながやんやの喝采をして一緒に踊り出す。

日本人は人前で無邪気に踊って歌うのは苦手で、恥ずかしがって踊り歌う人はいない。ブラジル人は歌って踊って、楽しく人生を謳歌している。楽しい瞬間が積み重なって楽しい人生になることを身をもって知っているのだ。

アマゾン川

ブラジルの大自然

ブラジルはちょうど日本の真裏にあり、時差は一二時間あって夜と昼は逆だ。アマゾン川は赤道直下だが、リオデジャネイロやサンパウロの主要都市は赤道の南にあるから、さらに季節も日本と逆になるが、冬でも一枚上に何かを着る程度で過ごせるので快適だ。

そして何よりもブラジルの魅力は、赤道直下にある広大なアマゾンの大自然だろう。卓志は永住してから、ツアーに参加して多くの観光地

イグアスの滝

を巡った。

　ブラジルは桁違いに広い。見渡す限りに続く熱帯雨林と、そこに流れるアマゾン川は見る人を圧倒する。対岸が霞んで見えず、まるで海のようだ。釣りをすると、大きな魚がいくらでも釣れる。

　アルゼンチンとの国境にあるイグアスの滝のスケールは口では表現できないほど大きい。落差が八〇メートルもある巨大な滝が数百本、轟音を立てて流れ落ちている。

　歩道や橋が作られてその滝の近くまで行くことができ、最も小さな滝でも華厳の滝よりはるかに大きい。

また、レンソイス（マラニャン国立公園）という純白の広大な砂丘がある。数十キロに渡る真っ白な石英の砂丘と真っ青な湖が無数に混在して、夢のような美しさだ。広さは東京二三区の二倍もあるという。日本とは全く違うスケールの巨大な世界が広がっている。

卓志はブラジルは余生を楽しむには最適なところだと思った。

癌の再発と帰国

卓志の親族には、癌で亡くなる人が多かったので、毎年がん検診を受けていた。

信州の佐久総合病院で定期健診を受診していたが、ブラジルにコンドミニアムの土地を購入した二〇〇四年、前立腺に初期の癌が発見された。

抗がん剤の投与を受けていたが、手術で二か月ほど入院する必要があった。

当時は商工会議所やロータリークラブの仕事が忙しく、できれば手術は避けたいと思っていた。

そこで、前立腺癌の治療法を検索してみると、最近米国で開発された放射線小線源治療法を見つけ、日本の数か所の病院で、その治療が始まっていることがわかった。わずか四日の入院治療で、あとは普段どおりの生活で良いという。

佐久総合病院にその話をして、その治療をやっている群馬大学病院を紹介してもらった。入院して、睾丸の周囲に注射器で小さな放射線源を六〇個ほど配置する。それで治療は終了した。退院後は全く普通の生活ができて、薬の服用の必要もなかった。

一週間後にはゴルフにいくことができた。その後の生活は主としてブラジルであったが、毎年一回は日本に帰国して、佐久総合病院の人間ドッグで定期検診を受診していた。

ブラジルに永住権を得て三年後の二〇一八年に、その定期検診で今度は胃癌が発見された。今回は胃の切除手術をせざるを得なかった。

胃の一部を残してほぼ全摘手術だったので、術後の検査や、食事の制限などのケアも、前の前立腺の時とは違って丹念にしなければならない。

ブラジルへの愛着は強かったが、歳からくる気力や体力の衰えも否定できない。第二の人生でやりたいことを十分にやり尽くしたという充足感もあった。

地球の裏側の遠隔地の異郷で過ごす父親に何かあったらという、子どもたちの心配もあった。

二〇二〇年、ブラジルを後にして日本への帰国を決断したのだった。

第一三章　ゴルフ談義

ゴルフとの出会い

卓志は幼少期から運動が好きであった。徒競走や相撲など体育の授業が一番好きだった。運動会では彼はいつも花形だった。家に帰ると、農作業が待っていたけれど、あまり苦にもしていなかった。家族の期待を背負って、喜んでやっていた。「勉強は好きではなかった。俺は体育会系だ」とよく口にする。しかし、自分が思うほど勉強ができなかったわけではない。体を動かすのがより好きだったのだ。

四五歳の頃、商工会議所仲間の坂田氏からゴルフを勧められた。時間的にも経済的にも、その頃には余裕ができていた。

「坂川さん、ゴルフをやらなきゃ、付き合いや営業も、うまくいきませんよ。何より健康にいいですよ」

坂田氏はゴルフ上手で知られており、この辺りのコンペでは、優勝の常連だった。ハンデもシングルになっている。

卓志は着慣れないゴルフウエアを着てハンドルを握り、約束のゴルフ練習場に行った。手ほどきをしてくれるという。

七月の天気の良い日だった。ちょび髭を生やしてベレー帽をかぶった坂田氏は一〇歳ほど年上で、ちょっと軽い感じのする洒落者だ。

コースに出ると坂田氏はドライバーの打ち方を熱心に教えてくれた。

「あ～、ダメダメ、グリップを強く握りすぎだよ。軽く握って、左の小指を外すぐらいがいいんだ」

「そうか、こうすればいいのか」

卓志はグリップを握り直して、ドライバーを思い切り振り抜いた。カツーンと快音を残してボールは飛んでいったが、大きく右にスライスして側面のネットに引っかかった。左にカーブすることもある。何度打ってもどうしてもまっすぐに飛ばない。

「バックスイングが大きすぎる。少し加減をする方がいいよ」坂田氏の指導は、クラブの握り方、打撃フォーム、足腰の使い方と細部に渡り懇切だった。

しかし芯に当たらず変な音を立てて、ボールはとんでもない方に飛んでいく。その度に坂田氏の厳しい指摘を受けた。

「それじゃダメですよ。右の脇を締めて」

「打つときに腰が先に開いてますよ」

卓志は難しいものだと思った。負けん気がむくむくと育っていた。打ち終わると汗をかいて、爽快な気分だった。それからは仕事の合間を見て練習場に足を運んだ。ゴルフクラブを一通り買い揃えた。

やがて坂田氏と一緒にコースに出るようになった。打つたびに再三再四、厳しい指導を受けた。

「左のグリップは小指を遊ばせて、……バックスイングが大きすぎだよ」

卓志の打ったボールが左に大きくカーブして林の中に飛んで行った。

そのボールを取りに行こうとすると、

「いいんですよ。そんなボールはほっとけば。別のボールで打ってください」

思いっきり打つ坂川打法

卓志は頻繁に練習場に通い始めた。ドライバーでティーショットを打つ時に、ボールが芯に当たることを心がけた。思い切り強く打ち続けた。初めの頃は変な音が出てばかりいたが、やがてカ〜ンと快音が響くようになった。相変わらずボールは右左に大きく曲がる。

しかし、ホールは二〇〇ヤード以上の距離にある。何はともあれ大きく飛ばして、早く近くに行けばいい。そう思って全力でボールを打ち続けた。

コカ・コーラ東海クラシックに参加

そのうちにボールが左右にカーブせずにまっすぐに飛ぶようになった。強く打ち続けたからコツがわかってきたのだ。アイアンやパターの場合は、力をセーブしてコントロールショットを打つ。その使い分けが重要だとわかった。

スコアはどんどんと減少して行った。三年もするとコンペでは優勝の常連になった。卓志はゴルフが面白くなり、夢中になった。優勝は自分でも覚えきれないほどの回数になった。トロフィやカップで自室は満杯になった。

二〇一〇年の九月にはプロとアマトーナメントで行われる第四一回コカ・コーラ東海クラシックに参加した。佐久市から二名推薦されたうちの一人だった。各地域のコカ・コーラの支店が推薦をする。この地域では卓志のゴルフの腕前は良く知られていた。

この時一緒に回ったのは富田雅也プロで、今も現役で活躍中である。

「自分はアマでは距離を出すが、プロは距離にハンデがあり、後ろから打ってもボールは遥か遠くまで飛ぶ。プロの凄さに驚いた」と卓志は言う。ちなみにこの時の成績は不本意だったらしく記憶がないと言う。時々出てくる卓志の「記憶がない」は、自分にとって利益のないことにクヨクヨしないということだろうか。

四五歳から始めて、忙しい仕事の合間に練習をして、ここまで短期間に上達したのは、体育会系の卓志の真骨頂といえよう。

ゴルフの聖地セント・アンドリュースへ

スコットランドのセント・アンドリュースのゴルフ場は、ゴルフの聖地といわれている。卓志はゴルフ好きが高じて、どうしてもそこへ行ってみたいと思い、ゴルフ仲間を誘って海外ツアーを計画した。世界の名門コース故に、簡単に予約はできない。旅行業者に半年も前から申し込み、ようやく行くことができた。

イギリスは雨や霧が多く、はるばる日本から出かけて悪天候ではがっかりすると案じていたが、そのツアーの期間は幸運にも好天に恵まれた。

卓志たち一行は世界の名門コースを楽しみながら一七番ホールまできた。そこには深いバンカーがあった。世界のゴルフファンに良く知られた有名なバンカーで、深くてツボのような形をしている。そのバンカーを見ると横に、金属プレートが建てられていて英語で「サンド・オブ・ナカジマ」と刻まれていた。

中島常行プロがここで優勝を逃した経緯が書かれている。ゴルフファンには夙《つと》に知られた名所だった。

卓志はホールインワンも経験している。コースは長野県内にあるメンバーコースで立科ゴルフ倶楽部。一四番一七五ヤードのショートホールだった。

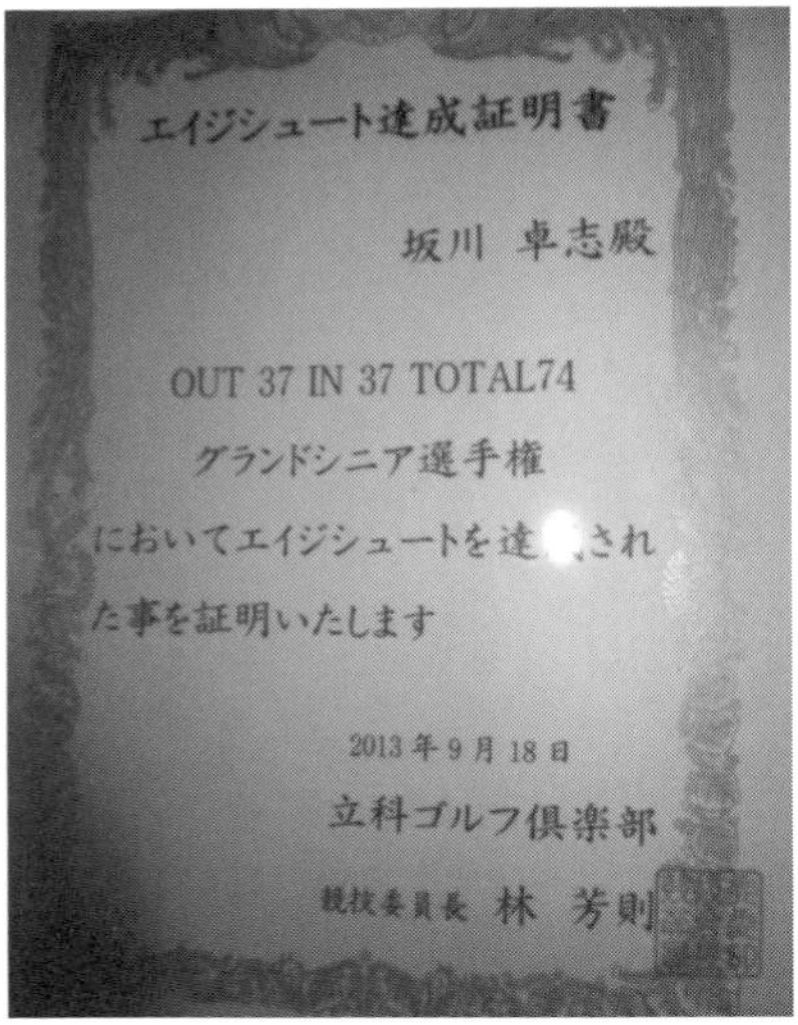
エイジシュート達成証明書

坂川 卓志殿

OUT 37 IN 37 TOTAL74

グランドシニア選手権

においてエイジシュートを達[illegible]され

た事を証明いたします

2013年9月18日

立科ゴルフ倶楽部

競技委員長 林 芳則

エイジシュート達成証明書

持っていたクラブは七番アイアンだった。休日のショートホールは混み合って渋滞する。前のパーティーがグリーンの最後の一打を保留して、卓志たちに譲ってくれていた。後ろのパーティーの人たちも待っていた。

多くの人の見ている前で卓志の打ったボールは高く飛んでグリーンの上に落ちてコロコロと転がってカップにぽとりと落ちた。

最初は信じられなかったが、周りの人が「ウオー！」と叫んで拍手をしていたので、ホールインワンだと気がついた。

それからが大変だった。クラブハウスの事務局に届けると、記念の植樹を勧められ、ホールインワン保険の申請をした。四〇人ほどの参加者を招いてその三〇万円の保険金で、卓志主催の記念のコンペを開催した。最後に祝賀パーティを賑やかに行った。

ホールインワンをした人は、周囲のゴルファーにもほとんどおらず、忘れられない出来事だった。また、それにもまして、プロゴルファーでも難しいといわれているエイジシュート（一ラウンドを自分の年齢以内で回ること）も達成している。幸運だと思った。

第一四章　カウベルエンジニアリング訪問記

優良な中小企業

二〇二二年四月の中旬、信越新幹線の佐久平駅からほど近いカウベルエンジニアリングの本社工場を訪問した。この季節は、新緑の中に山桜が混じって、浅間山に真っ白な残雪が光っていて美しい。現社長の坂川和志氏にインタビューし、話を聞かせていただいた。その後に工場の案内もしていただいた。

和志氏はシステム事業部開設時にカウベルに入社し、一二年在籍してから社長に就任したが、父・卓志氏はその時に多くの人に分散していたカウベルの自社株買い・消却をし、新社長が存

浅間山

分に活躍できるように道を拓いて、代表権のない会長に退いたという。そしてみずからは商工会議所やロータリークラブへの活動に力を入れて、実質的に経営にはほとんどタッチしないようにしたのだ。

和志新社長も、さらに新部門への商品開発を積極的に進め、音響から映像に至る最先端の製品を、ソフト開発、設計、生産に至るまで一貫して生産を行う優良企業にしていった。無線通信を用い、工場内の機械設備や家庭内の電気機器をインターネット連結して一括管理できるソフトとその周辺機器を開発、商品化している。たとえば、ホテルや住宅用の電子機器や入退室

佐久市の風景

システム、省エネコントロール機器、ICカード発行読み取り機器、高齢者の徘徊検知装置、工場内の各種検査機器など多岐にわたっている。

近年ではさらにIOT（インターネットによる機器の管理システム）の心臓部のシステムと機器の開発に取り組んでいる。

現在、約九〇人の社員のうち半分近い約四〇人がソフト、ハードの開発を担当しているということだが、中小企業では珍しいといえるだろう。

今、カウベルは最先端の技術を持った優良会社として、良い時代を迎えている。

和志社長の話で一番印象的だったことは、卓志会長との企業経営の理念や基本姿勢にほとんど食い違いがないということであった。

中小企業の代替わりは難しい。創業者の功績は否定しようがないが、それと次世代への引き継ぎは別である。長期の経営は多くの歪《ゆが》みを生み出し人材が育たない場合も多い。経営が時代の変化についていけずに、会社の衰退を招くことも多い。

しかし、二世代にわたるカウベルの揺るぎない経営方針と見事な代替わりは特筆に値する。しかも、すでに三代目の育成と準備が進んでいる。いずれ見事な社長交代が行われて、カウベルは一層優良会社になっていくだろうと感じた。

カウベルの工場を案内されて改めて知ることができたのは、製造技術力の高さであった。基盤へのハンダ印刷、自動チップマウンター、自動ハンダ付、自動コーティングマシンなどが電子制御されてＰＣで管理されている。

各工程の稼動状態や品質情報が一目でわかるように、システム化されていた。工程の検査装置なども社内で設計製作されている。

携帯電話用カメラモジュール製造で培ったＩＣ前行程のダイシング、ワイヤ・ボンディングの技術も持っている。

システム開発からソフト開発、そして回路設計、基盤設計製造、機械部品の設計製造、射出成形機によるプラスチック部品の製造、そしてそれらを組み立て完成した後の性能、出荷検査に至るまで、一貫して社内でできる技術を持っていた。

この規模の会社ではそれだけでも特筆すべきことだ。

和志社長は「大量生産品は安い人件費を求めてほとんどが海外で生産されているので、当社は、多品種の高付加価値商品への対応に力を入れている」と言う。

穏やかで屈託のない話し方、物腰は卓志会長を彷彿とさせた。東京トランジスタの先輩、河内氏の人物評は「卓志会長は、人当たりが柔らかく怒ったことがない人だった」という。和志社長も同様なのだろうかと感じずにはいられなかった。

第一五章　普段着の偉人・坂川卓志

安定している時こそ、次の手を打っておく

創業以来の卓志の足跡を辿ってきたが、この過程を見ていくと、卓志が時代の流れを察知して、機を見て先々に手を打ち、流れに適応していったことがわかる。未来を予知して決断、行動しても、それが実を結ぶまでには長い時間がかかるし、リスクもある。かといって行動が遅くなると、企業にとっては致命的なダメージになることもある。彼はタイミングを逃さず、折々に決断して見事に会社を急成長させた。

卓志はこう言っている。

「会社は経営が安定すると、それに安住してしまうことが多い。しかし世の中の変動は予想以上に激しく、安定している時にこそ新たな技術開発をしておかないと、やがて会社は行き詰まる。開発には多くの費用がかかるが、すぐにうまくいくとは限らない。しかし、だからと言って簡単に諦めてやめてしまえば、その会社に未来はない。何年かかっても継続して、取り組まなくてはならないのだ。一〇年後にその開発が成功すれば、一年ほどで全ての投資を簡単に取り戻せる。そして会社は急成長する。会社が好調な時こそがチャンスなのだ」

この卓志の考えは現社長や役員にしっかりと受け継がれている。

なせば成る

「なせば成る」と書かれた色紙を、卓志は社長室にかけていた。一九六四年東京オリンピックで金メダルに輝いた女子バレーボール監督の大松博文直筆の色紙だ。講演会で彼の話を聞いて、是非にと言って揮毫《きごう》してもらったという。

大松監督は、日本国内の四大タイトル（全日本総合、全日本実業団、都市対抗、国民体育大会）を独占し、ヨーロッパ遠征での二四戦全勝、東京オリンピックの金メダル獲得という奇跡を成し遂げた。

彼の座右の銘が「なせば成る」だった。

この言葉の原典は米沢藩の上杉鷹山《ようざん》が書き残した和歌にあるという。

為せば成る　為さねば成らぬ何事も、成らぬは人の　為さぬなりけり

上杉鷹山はこの言葉を、重要な経典である五経《ごきょう》の一つ「書経《しょきょう》」から学んだ。「慮《はか》らずんばなんぞ獲《え》ん、なさずんばなんぞ成らん」とは、思慮深く学び、実行しなければ何も獲ることができない、という意味だ。単なる根性論ではない。

卓志の行ってきたことはまさにこれに当たると思う。

卓志は複雑なさまざまな現実の全てを総合して、バランスよく処理をする能力が秀でている

のだろう。

いわば人間力とでもいうのかもしれない。その人間力が彼の人生を成功に導いたのだ。

贈り物は社員に

カウベルには盆暮れに取引会社からたくさんの中元や歳暮が届く。自宅にも、果物や酒類、菓子などが多く贈られてきた。多くの会社では幹部たちで分配するようだが、卓志は会社の役員たちが分け合うことを禁じた。

全て会社主催のボーリング大会や運動会の賞品として、社員に分配をするように指示をしていた。社員あっての会社であり、彼らに分けるのが当然としていた。

景品あふれる同大会には社員たちが喜んで参加し、社員間の交流と働く意欲も引き出せる効果もあった。これも社長卓志の相手目線に立てるという手腕の一つなのだ。

二宮尊徳流の生き方

卓志は「たらいの水」という話をした。

「たらいの水は欲を起こして自分の方にかきよせると、向こうに逃げてしまう。人のために向こうに押しやると、こちらにかえってくる。人の幸せも、物質も、お金もみんな同じである」と言う。

これを調べてみると二宮尊徳が唱えた「発顕還元《はっけんかんげん》」の理だ。

先ず自らが労を惜しまず努力して他を利すると、それが自らに還元するというのだ。利が還ってくるのを期待してそうするのではない。

卓志がどこでその言葉を知ったのか定かではないが、故郷の農村で古くから言い伝えられていたのかもしれない。

卓志は幼い頃から、家族の期待を背負って懸命に働いていた。それは、自分の努力が家族のためになるという喜びがあったからだった。

会社の経営も、無意識にそう思ってやっていたのだ。

自分の喜びを他人の喜びと重ねることは、その人の能力を引き出すことになり、その集団の能力を最大化することにつながる。

ある特殊能力で一人だけ突出して秀でた人が、多くの人の集団を率いて成功するとは限らない。むしろ失敗する場合が多い。

卓志は幼い頃から無意識に、二宮尊徳のいう「発顕還元《はっけんかんげん》」の理にかなった生き方を身につけてきたようだ。

中学以来の友と七〇年

故郷の中学時代の友達でいまだに付き合いのある長谷川忠氏に話を聞く機会があった。幼なじみであり、卓志の生き方を理解する人物である。中学生の頃は全く違うタイプで、長谷川氏は静、卓志は動で、互いを認めていたようだ。

長谷川氏は美星町の農業委員を長い間務めている。「故郷をこのままにしておけない」と、三〇年ほど前から椎茸やナス等、いろいろな農作物を試験的に栽培、また、標高三〇〇～四〇〇メートルの高原だからと林檎の栽培も手掛けた。期待をかけた林檎は大きく立派なものができたが、良い味にはならなかった。

他に良い作物はないかと探り、新品種のピオーネという葡萄栽培を五人ほどの仲間を募って始めた。試行錯誤の末に、品質の良い美味しい葡萄が作れるようになり、現在は栽培農家が六〇軒に増えて、町の農作物最大の出荷額となっている。長谷川氏は生産農家コード〇〇一、この栽培を最初に手掛けて、成功させた証である。「ピオーネ」に加え「シャインマスカット」「紫苑」などで、最盛期には一日約一〇トンを出荷している。

長谷川氏はある時、幼稚園児たちの葡萄狩りを思いつき、四つの幼稚園、一三〇人の園児を招待した。幼稚園の先生と葡萄園に集まってきた園児たちは、大はしゃぎで葡萄を摘み取って美味しそうに食べていた。

長谷川氏の孫が卒園して小学生になって、

「爺ちゃん、小学校にも葡萄はくれるんじゃろ？」

というので、その年からは美星町の小学校と中学校の給食センターにも葡萄を寄付し、それ以来、何十年も続けている。子どもたちが喜んでくれるのが何よりと話していた。

山里には、昔からの村人が使う生活道路がいく本も走っていたが、舗装道路が出来て使われなくなり、木が茂り草で荒れている。そんな道路を長谷川氏は暇を見て整備している。

「緊急道路として整備しておかないと、いざという時に困る」と思っているからだ。

長谷川氏は岡山県の代表として皇居で行われる新嘗祭《にいなめさい》に列席する栄誉を経験した。神に供える「五合の粟《あわ》」を献穀し、畑で栽培、収穫した粟を精粟《せいぞく》した（米ならば精米）。

色の黒くなったものや汚れたものを除いて、良いものだけを一粒一粒選び出すから、五合の粟をより分けるのに一週間かかったと言う。桐の箱に入れて絹の錦の袋に包んで皇居に運んだ。

天皇皇后両陛下が正装して新嘗祭の行われる神嘉殿《しんかでん》に向かう御姿を、近くで拝謁《はいえつ》できた。

五合のお米も献穀した。

故郷美星町に長谷川氏のような旧知の友人が健在しており、しかも故郷の発展に貢献し続ける姿を知ることができるということは、何物にも代えがたいことであるだろう。長谷川、坂川両氏の長寿を祈らずにはいられない。

ダーウインの進化論

卓志はダーウインの「進化論」に大きな影響を受けたとも語っている。

地球上の生物はその環境に適応したものが生き残り繁栄し、弱者は自然淘汰されていく。「適者生存」で「弱肉強食」なのだ。

それが自然界の厳しい現実であり、企業も人もその例外はあり得ない。環境の変化に素早く適応したものが生き残り、繁栄していく。

現代社会は複雑であり、国家や法律や多くの組織が機能して相互扶助されている。そのために自然界のように弱肉強食の厳しい現実は、表向きにはあからさまにはなっていない。が、その複雑な社会を一皮剥くとそこには、残酷な厳しい現実が横たわっている。

特に企業間は容赦のない競争が常態化しているのが現実である。絶えず新製品を開発して、コストダウンし、新技術を取り込んで適応することを怠ると、たちまち倒産廃業の憂き目をみることになる。「適者生存」という現実を常に胸の奥に秘め、卓志はどんな時も生き抜いてきたのだ。

一方で、人に優しく思いやりのある人物であり、多くの人々を惹きつけてきた。ここに人間的な魅力があるのだ。

卓志の一見普通の人のようにも見える腰の低さやバランスの良さは、真の「適者生存」を体現しているのだろう。

「道徳を忘れた経済は罪悪である。経済を忘れた道徳は寝言である」

二宮尊徳のこの格言は卓志の思いそのままであると思う。

あとがき

坂川卓志氏の人生の軌跡を幼少期から丹念に辿ってきた。それを書き終えた今さまざまな思いが心に去来している。

人は孤立して生きているのではなく、幼少期から青春時代を経て、多くの人と関係し影響を受けて、自分の考え方や性格や個性を紡いでいく。卓志氏の場合、家族は無論のこと、学校で知り合った同窓生、教師、仕事で関わった多くの知人たち、さらに言えば、岡山の山間部の故郷に長い歴史を刻んだ坂川家の人々、そして共にこの地を開拓して戦い守ってきた宇戸の人々がいる。

人も動物もこの世に誕生して、初めて接する人を、生涯母親として認識するという。「三つ子の魂百までも」と良く言われ、幼少期の母の味は生涯忘れないという。最も瑞々《みずみず》しい感性を持っている幼少期から一八歳ごろまでの体験は、その人の一生を左右するものとなる。その影響力の強さはその後のさまざまな交流や体験を遥かに凌いでいる。

また俗に「親の背中で学ぶ」というのは、説教や言葉ではなく、日々の行動や身の処し方を共に暮らす中で知らず知らずのうちに学んでいくことを言っているのだろう。父母は祖父母から、祖父母は曽祖父母からと、農村社会の伝統的な精神性が伝えられているのだ。

坂川卓志氏の成功は、生まれ持った基礎能力と強い意志と努力の賜物であるのは疑うことができない。しかし古来から伝えられた日本社会の伝統的な精神性の影響が想像以上に大きかったのではないかと、書き終えてみて改めて思っている。

顔見知りの人々が力を合わせて、助け合い協力する地域社会や組織が、共同社会の倫理を育てて守っていく。そこでは一部の人の過度な富の独占を抑えて、生活に窮した人々を救済するという倫理が長く伝えられて生きてきた。

しかし、環境が激変したり、新たな新技術が登場して、情勢が流動的になると、硬直的な巨大組織は、その環境の変化に対応できず、権力者や支配者の暴走が特に危険になるだろう。

小さな組織で互いの顔が見えて、複雑な問題に共同で対処できるしなやかな組織が、社会の礎となり、それを数多く束ねると、働きやすく柔軟で強靭な共同体ができていくのだろうと思う。

日本の中小企業の中に、その希望があるのだと思う。だからこそ、「坂川卓志」という人物と「カウベルエンジニアリング」という企業の足跡は、変化のただ中にある我々に大きなヒントを与え続けてくれると思っている。

著者記

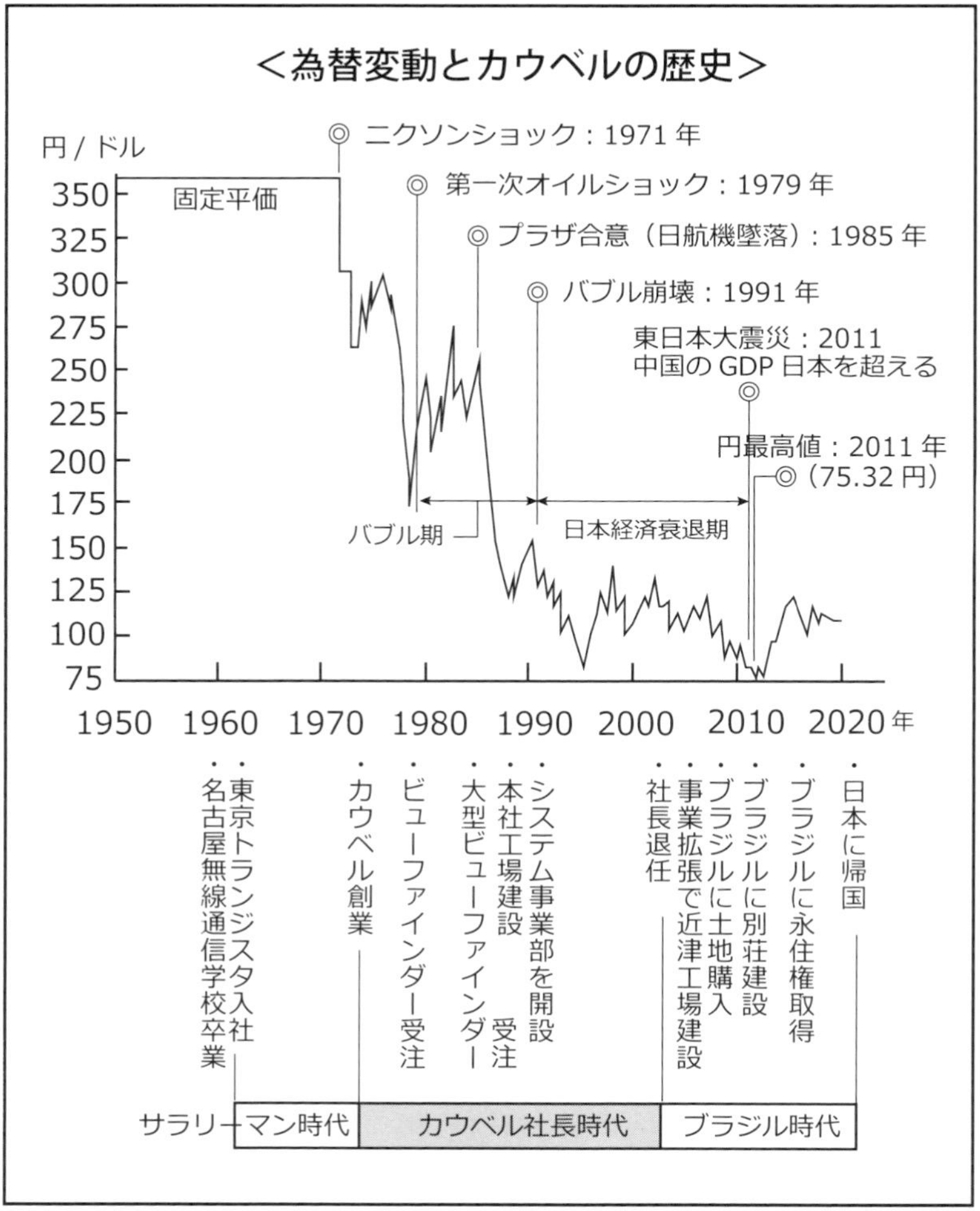
＜為替変動とカウベルの歴史＞
円 / ドル
350
325
300
275
250
225
200
175
150
125
100
75
固定平価
◎ ニクソンショック：1971 年
◎ 第一次オイルショック：1979 年
◎ プラザ合意（日航機墜落）：1985 年
◎ バブル崩壊：1991 年
東日本大震災：2011
中国の GDP 日本を超える
円最高値：2011 年
◎（75.32 円）
バブル期
日本経済衰退期
1950
1960
1970
1980
1990
2000
2010
2020 年
・東京トランジスタ入社
・名古屋無線通信学校卒業
・カウベル創業
・ビューファインダー受注
・大型ビューファインダー受注
・本社工場建設
・システム事業部を開設
・社長退任
・事業拡張で近津工場建設
・ブラジルに土地購入
・ブラジルに別荘建設
・ブラジルに永住権取得
・日本に帰国
サラリーマン時代
カウベル社長時代
ブラジル時代

＜株価変動とカウベルの歴史＞

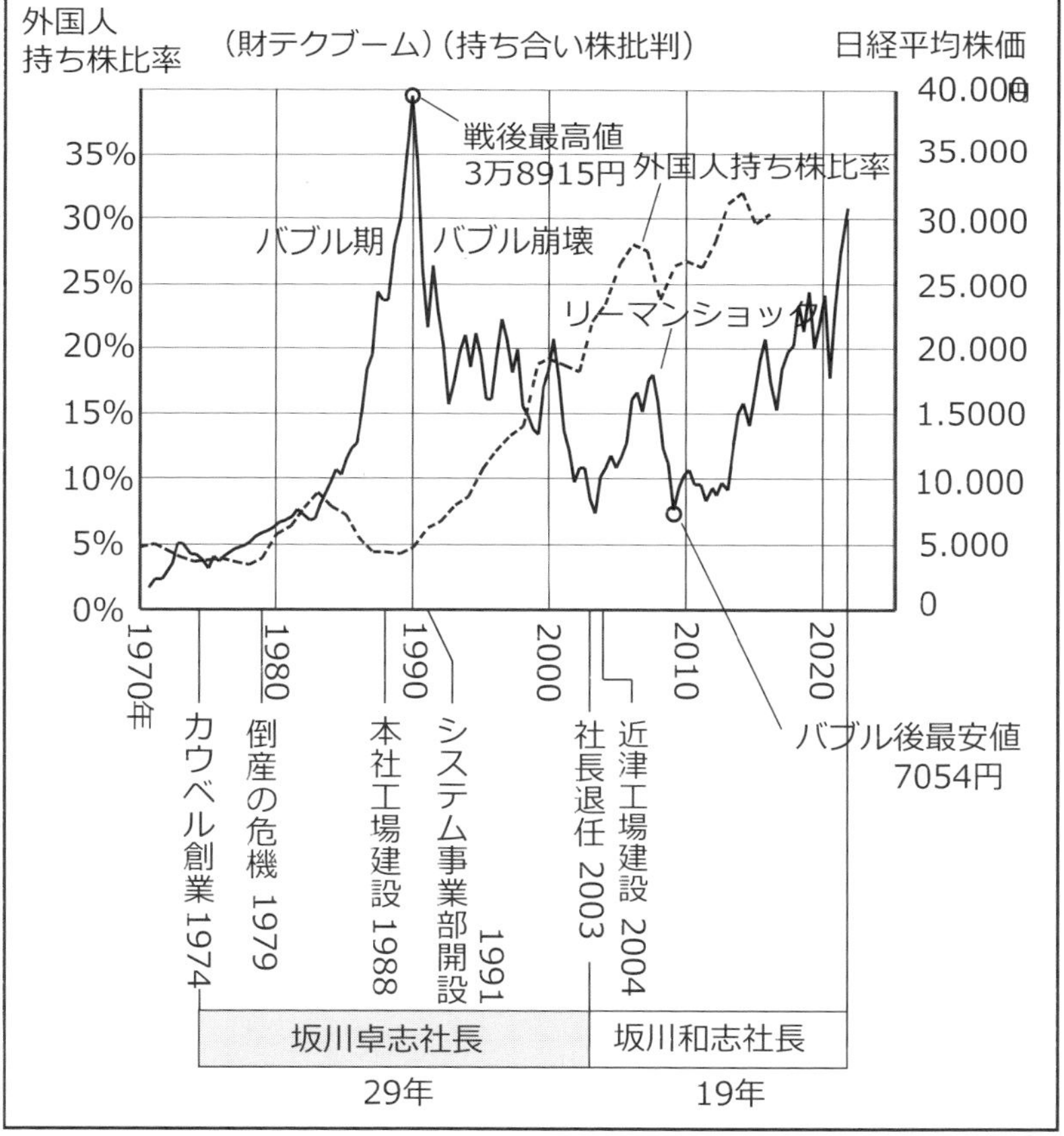
外国人持ち株比率
（財テクブーム）（持ち合い株批判）
日経平均株価
40.000円
35%
35.000
30%
30.000
25%
25.000
20%
20.000
15%
1.5000
10%
10.000
5%
5.000
0%
0
戦後最高値
3万8915円
外国人持ち株比率
バブル期
バブル崩壊
リーマンショック
バブル後最安値
7054円
1970年
1980
1990
2000
2010
2020
カウベル創業 1974
倒産の危機 1979
本社工場建設 1988
システム事業部開設 1991
社長退任 2003
近津工場建設 2004
坂川卓志社長
坂川和志社長
29年
19年

参考文献・資料一覧

■『上杉鷹山と米沢』　小関雄一郎著　（株）吉川弘文館
■『二宮翁夜話』　渡辺毅編訳　ＰＨＰ研究所
■『新釈備中兵乱記』　加原耕作編著　山陽新聞社
■『進化のからくり』　千葉聡著　（株）講談社
■『なせば成る！』　大松博文著　（株）講談社
■『昭和東北大凶作』　山下文男著　（有）無明舎出版
■『宮本常一が見た日本』　佐野眞一著　ＮＨＫ人間講座
■『ふるさと宇戸を歩く』　宇戸史研究会
■『小田郡誌　上巻』　小田郡教育会

■ GLOBAL NOTEグローバルノート・国際統計専門サイト
■ ＳＯＮＹ（株）ホームページ
■『ウイキペディア』 家庭の電化『世界ランキング』国際統計格付けセンター
■『THE OWNER』 経営者のためのウェブマガジン
■『東京商工リサーチ』 外国法人等株式保有比率結果
■ 日経新聞 nikey.com
■ 中小企業白書より 『中小企業・小規模事業者の実態』
■『扉をあけて』 外国人労働者の生活と人権 信濃毎日新聞社編
■『マンスリー・ニュース』 佐久商工会議所発行
■『信州佐久』 佐久市観光協会発行
■ 映像メディア学会誌 Vol.57 No.12
■ SONY Hisutoriy 第一三章 ＩＲＥショーで見つけたもの

坂川卓志　年表

一九九一年	平三	五三	・システム事業部を設立。沖電気他より五人入社
			・佐久コスモスロータリークラブ設立。四一名参加
一九九八年	平一〇	六〇	・佐久商工会議所常議員に就任
二〇〇〇年	平一二	六二	・元従業員の結婚式でブラジル渡航
			・携帯電話用カメラモジュールの受注、生産開始
二〇〇三年	平一五	六五	・社長退任、代表権のない会長に就任。長男和志社長就任
二〇〇四年	平一六	六六	・近津工場を建設
			・ブラジルにコンドミニアムの土地二区画を購入
			・前立腺癌で手術を受ける
二〇〇七年	平一九	六九	・ブラジル日本商工会議所表敬訪問
二〇〇八年	平二〇	七〇	・商工会議所活動を引退
二〇一一年	平二三	七三	・ブラジルのコンドミニアムに住居を建築
二〇一五年	平二七	七七	・妻勝子死去
			・ブラジルの永住権を取得
二〇一八年	平三〇	八〇	・胃癌が発見される
二〇二〇年	令二	八二	・日本に帰国、茅ヶ崎に転居
二〇二一年	令三	八三	・二〇二〇東京オリンピック開催
二〇二三年	令五	八五	・自叙伝発行

カウベル飛躍期　カウベル安定期　ブラジル　茅ヶ崎

◇坂川卓志（さかがわ・たくし）

1938年（昭和13年）岡山県井原市美星町宇戸にて生まれる。名古屋高等無線通信学校卒。東京トランジスタ工業（株）製造課長・製造部長を経て、36歳で（株）カウベルエンジニアリングを創業。社長、会長を歴任。

佐久コスモスロータリークラブ設立、ガバナー補佐、佐久商工会議所副会頭を歴任。65歳で社長を退任、代表権を持たない会長に就任。

晩年はブラジルに永住権を取得して居住。2020年日本に帰国。現在神奈川県茅ヶ崎市に居住。

◇脇　昌彦（わき・まさひこ）

1945年、広島県三原市生まれ。

成蹊大学工学部卒、シチズン時計で技術者として31年勤務。

1980年ごろより水彩画を学ぶ。新世紀美術協会準会員、カルチャーセンター講師、絵画教室、スケッチ会などを主催する。

著書に『西安、敦煌スケッチ紀行』（文芸社）、『座礁船』（東洋出版）などがある。

株式会社カウベルエンジニアリング創業者 坂川卓志の履歴書

激変する時代を生き抜いた

普段着の偉人

著　者　脇 昌彦
発行日　2023年2月25日
発行者　高橋 範夫
発行所　青山ライフ出版
〒108-0014
東京都港区芝5-13-11- 401
TEL：03-6683-8252
FAX：03-6683-8270
http://aoyamalife.co.jp　info@aoyamalife.co.jp

発売元　株式会社星雲社（共同出版社・流通責任出版社）
〒112-0005
東京都文京区水道1-3-30
TEL：03-3868-3275
FAX：03-3868-6588

ISBN 978-4-434-31407-0